Fritz Stern
Das feine Schweigen

Fritz Stern

# Das feine Schweigen

Historische Essays

Verlag C.H. Beck München

‹Tod in Weimar› wurde von Karl Heinz Siber,
‹Die erzwungene Verlogenheit› von Martin Pfeiffer übersetzt.

Die Deutsche Bibliothek – CIP-Einheitsaufnahme

*Stern, Fritz:*
Das feine Schweigen : historische Essays / Fritz Stern. – München :
Beck, 1999
ISBN 3 406 45674 X

ISBN 3 406 45674 X

© C. H. Beck'sche Verlagsbuchhandlung (Oscar Beck), München 1999
Satz: Fotosatz Janß, Pfungstadt
Druck und Bindung: Franz Spiegel Buch GmbH, Ulm
Gedruckt auf säurefreiem, alterungsbeständigem Papier
(hergestellt aus chlorfrei gebleichtem Zellstoff)
Printed in Germany

Dem couragierten Aufklärer
Ralf Dahrendorf
in Freundschaft

# Inhalt

# Vorwort

Der Begriff des «feinen Schweigens» stammt von Friedrich Nietzsche. Er war ein ironischer Hieb auf Goethes Verhältnis zu den Deutschen: «Aber er hat über so viele Dinge um sich herum nie deutlich geredet und verstand sich zeitlebens auf das feine Schweigen: – wahrscheinlich hatte er gute Gründe dazu.» Mir schien dieser Begriff einen nützlichen Hinweis auf einen vernachlässigten Aspekt unserer, auch gerade der deutschen Geschichte zu enthalten.

In unserem lauten, gelegentlich brüllenden Jahrhundert hat man das «feine Schweigen» kaum bemerkt. Aber in Zeiten des Terrors bot es Menschen die Möglichkeit zu glauben, daß Anstand und Anpassung vereinbar wären. Die Tradition des «feinen Schweigens» war in Wahrheit aber eine der Voraussetzungen für das Verbrechen.

Friedrich Nietzsche und Jacob Burckhardt, verbunden durch eine der großen merkwürdigen Freundschaften, ahnten das kommende Unheil. Mein Vortrag zu Burckhardts 100. Todestag befaßt sich mit seiner historisch begründeten Zeitkritik – in der das Weg- oder Falschsehen auch eine Rolle spielt. Max Planck hat die Tragik des deutschen Unheils erlebt – nicht zuletzt dadurch, daß er, der sein Leben dem Ziel der Wahrheit widmete, sich am Ende zum Schweigen über die Wahrheit genötigt sah.

Historiker sind heute geneigt, sich auch mit den

vorstellbaren Alternativen zur tatsächlichen Entwicklung zu befassen. Das «feine Schweigen» hat manchen Ausdruck von öffentlichem Anstand verhindert und damit vielleicht unmöglich gemacht, was anders hätte werden können. «Tod in Weimar» erinnert an den Kampf um Aufklärung gegen Schweigen und Verschweigen und an die Zufälle, die in der Geschichte so wichtig sind.

Rückblickend darf ich sagen, die Hoffnung, daß man aus unserer Schreckenszeit lernen kann, hat mir den Anstoß zu diesen Arbeiten gegeben. In «Die erzwungene Verlogenheit» ist auch von Hoffnung weckenden Ereignissen in der deutschen und europäischen Geschichte dieses Jahrhunderts die Rede. Die oft beschworene Pflicht zur Erinnerung genügt nicht, sie muß verbunden sein mit dem Versuch zur historischen Erklärung.

Ich bin Wolfgang Beck und dem Lektor Ernst-Peter Wieckenberg dankbar dafür, daß das Buch noch vor der Jahrhundertwende herauskommt.

Ragged Island, Maine          F. S.
28. Juni 1999

# Jacob Burckhardt:
## der Historiker als Zeitzeuge

Gestatten Sie mir, mit ein paar Worten des Dankes zu beginnen. Mein Dank bezieht sich auch auf den Ansporn, den Sie mir gegeben haben, zu einem erneuten Versuch der Annäherung an das Werk Burckhardt. Dies umso mehr, als ich nicht frei bin von den von ihm angeprangerten Übeln. «Eile und Sorge die das Leben verderben», sind mir nicht unbekannt, auch nicht die Verleitung durch den «rasenden Verkehr» – ohne den ich wiederum nicht hätte hierher eilen können. Ich bedanke mich für den Zwang zur Arbeit, da ja jede Beschäftigung mit dem großen Historiker eine Bereicherung bedeutet.

Burckhardt: der Historiker als Zeitzeuge, auch als Zeitdeuter, als Warner und Mahner – so lautet mein Thema, und meine Absicht beschränkt sich darauf, einige Aspekte seines Denkens zu erörtern, einige Lükken zu erwähnen. Vielleicht kann es mir gelingen, das Reizvolle des Themas zu vermitteln. Der belgische Historiker Henri Pirenne hat mit Recht verlangt, daß der Historiker ein «reges Interesse am Leben», d. h. am Geschehen in eigener Zeit, haben soll. Wir wissen, wie die meisten Historiker der letzten zwei Jahrhunderte sich mit dem Leben und der Politik ihrer eigenen Zeit befaßt, oft auch um Einfluß geworben haben, meist in bedauerlichem Konformismus. Der Versuch, in zwei Welten zu leben, in Gegenwart und Vergangenheit, aus beiden zu lernen, beide aus der je anderen Perspektive zu sehen: nur wenige Historiker haben das erreicht. Burckhardt war einer jener ganz seltenen. Er erkannte in Thukydides den größten Darsteller einer zeitgenössischen historischen Krise. In Burckhardts Werken, Vorträgen und Briefen finden wir dieselbe Gabe, und wir können deshalb auf ihn beziehen, was er selbst über Thukydides geschrieben hat: «Es kann sein, daß im Thucydides z.B.: eine Thatsache ersten Ranges liegt, die erst in hundert Jahren Jemand bemerken wird.»[1] Das mag in Zukunft auch auf Burckhardt zutreffen.

Um Burckhardt den Zeitzeugen zu verstehen, sollte man sein Verhältnis zu den Historikern und der Geschichtsschreibung seiner Zeit berücksichtigen. Bereits in seinen Beziehungen zu seinem Lehrer Ranke – dem wohl berühmtesten Historiker im deutschsprachigen Gebiet – spürt man den Entschluß zur Unabhängigkeit: Bewunderung für den «durchdringendsten Geist», Bedauern, daß Ranke «so spottwenig Character besitzt». Dies schrieb er als 22jähriger.[2] Zwei Jahre später äußerte er sich gegenüber Gottfried Kinkel: «Ein Gelübde habe ich mir gethan; mein Lebenlang einen lesbaren Styl schreiben zu wollen, und überhaupt mehr auf das Interessante als auf trockne faktische Vollständigkeit auszugehen.»[3] Im selben Jahr: «Was ich historisch aufbaue, ist nicht Resultat der Critik und Speculation, sondern der Phantasie, welche die Lücken der Anschauung ausfüllen will.»[4] Wie frühreif man in jener Zeit sein konnte, wie selbstbewußt in jungen Jahren. Für die Zunft hatte er nie viel übrig; «Holzböcke von Historikern» hätten durch ihre spröde Darstellung von Fakten den Menschen das Interesse an der Geschichte verdorben. Enge Quellenstudien in Archiven – dem Heiligtum der damaligen Historiker – genügten ihm nicht; ein Hauch von Intuition war ihm mehr wert.

Phantasie und Gespür für das Wesentliche waren Vorbedingungen für Burckhardt. «Gespür» – der Ausdruck ist absichtlich gewählt: es gab und gibt wenige Historiker, die der Fähigkeit der Ahnung so sehr huldigen und sie im selben Umfang besitzen wie Burckhardt. Nicht Daten und Fakten, nicht rein politische Ereignisse oder Entwicklungen erschienen ihm als wünschenswerte Themen, sondern Anschauung, die Ahnung von geistigen Zusammenhängen. Er entwickelte seine eigene, originelle Vorstellung von Kulturgeschichte, und wissenschaftlich untermauerte Phantasie erlaubte ihm, sein Ziel zu erreichen. In der Einleitung zur Vorlesung über «Griechische Kulturgeschichte» beschrieb er seine kulturhistorische Betrachtungsweise: «Sie geht auf das Innere der vergangenen Menschheit und verkündet, wie diese *war, wollte, dachte, schaute* und *vermochte* ... Das Gewollte und Vorausgesetzte also ist so wichtig als das Geschehene, die Anschauung so wichtig als irgend ein Tun; denn in einem bestimmten Momente wird sie sich in einem solchen äußern.»[5]

Man fragt sich, ob das kleine Publikum, das dies hörte, sich bewußt war, daß diese Sätze eine Art Unabhängigkeitserklärung darstellten und eine historiographische Absicht erkennen ließen, die Burckhardt mit eigenen, zunftfremden Methoden realisieren wollte. Es war diese Unabhängigkeit, die ihm die Universität Basel ermöglicht hat und die ihn wohl auch bewegte, die Rufe nach Deutschland abzulehnen. Er sah innerhalb der eigenen Zunft die Schwächen seiner Zeit.

Asket, Außenseiter, als Repräsentant der alten Basler Bürgerschaft politisch zunehmend ins Abseits geraten und in dieser Hinsicht von Werner Kaegi als ein «Depossedierter» bezeichnet,[6] war Burckhardt ein engagierter, zugleich distanzierter Beobachter und Beteiligter am Geschehen seiner Zeit. Er suchte seine eigene Zeit zu verstehen, sie einzuordnen in seine Auffassung vom Gang der Geschichte. Im Ganzen sah er seine Zeit als bestimmt durch das kontinuierliche Vordringen revolutionärer Kräfte und – wie wir noch sehen werden – glaubte, Zeuge des Niederganges seiner, d. h. der europäischen Geisteswelt zu sein. Sein Blick war – bei allem Interesse am Lokalen, bei aller Liebe für Italien – stets auf Europa gerichtet; für ihn gab es *eine* europäische Geisteswelt. Das Verblüffende in seiner Zeitkritik ist die Steigerung von konventioneller, konservativer Abneigung gegenüber der sich abzeichnenden Moderne zur Vorahnung düsterer Folgen des Zeitgeschehens. Er erkannte in einzelnen Auftritten oder Ereignissen eine tiefere Bedeutung, den Keim der Zukunft, das Potentielle und Symbolische. Diese Gabe verband künstlerischen Blick mit historischem Verständnis; auch hier trafen Phantasie und Wissenschaft zusammen. Geschulte historische Einsicht führte zur Inspiration und Deutung der Zukunft. Man hat ihn mit Recht als «hellsichtig» bezeichnet. Aber in manchen seiner Einschätzungen und Prognosen hat er sich geirrt, in vielen war er verfrüht, d. h., seine Vorhersagen haben sich erst später – einige auch erst jetzt – als treffend erwiesen. Heute sind seine prophetischen Warnungen – meist zu Schlagworten komprimiert – bekannt, die großen Werke des Historikers arg vernachlässigt.

Erwähnenswert erscheint mir aber auch ein Schweigen, Burckhardts öffentliches Schweigen über seine zeitgeschichtlichen Ansichten. Sein besorgtes Verständnis der Gegenwart teilte er nur mit einem kleinen Publikum in Basel und mit den Adressaten seiner Briefe – und wir, die Nachkommen, schulden dem Staat Baden einen besonderen Dank für Friedrich von Preens Abruf aus Lörrach, denn so wurde Preen Empfänger von Burckhardts Eindrücken und spontanen Reaktionen auf Ereignisse der Zeit. Diese Quelle seiner Meinungen wurde erst 1922 bekannt. Woher diese Zurückhaltung, dieses Schweigen vor einem größeren Publikum – ein Schweigen, das er sogar für immer, auch für die Zeit nach seinem Tode aufrecht erhalten wollte und das sich auf die meisten Vorträge und Werke nach 1860 erstreckte? War es Scheu vor der Menge oder gar deren Mißachtung, war er ein so überzeugter Historiker, daß ihm selbst historisch geschulte Zeitanalyse als unangemessen vorkam? Sicher ist, daß er sich der Gefahr der Verbindung von Geschichte und Politik bewußt war, bewußt auch der Risiken der Prognosen. Ende September 1870 schrieb er an Preen: «Sie wissen, ich hatte immer die Thorheit des Weissagens, und bin schon erstaunlich damit angelaufen, aber ich muß mir dießmal doch ein Bild machen von Dem was man vorzuhaben scheint.»[7] Die Stelle bezieht sich auf preußisch-deutsche Absichten gegenüber dem geschlagenen Frankreich. Aber beinahe gleichzeitig stellte er in einer Vorlesung fest: «Die Weissagung ist zwar gestorben, aber es ist Tatsache, daß unsere Zeit überhaupt Zukunfts*berechnungen, Konstruktionen* provoziert.»[8] Aber es gab noch tiefere Gründe für Zurückhaltung. In der Einleitung zu seiner Vorlesung «Über geschichtliches Studium» findet sich die folgende Stelle: «Aber so wenig als im Leben des Einzelnen ist es für das

Leben der Menschheit *wünschenswerth,* die Zukunft zu wissen.»[9] Und dazu die Randbemerkung: «Abgesehen von der Nichtwünschbarkeit die *Nichtwahrscheinlichkeit:* Vor allem die Irrung der Erkenntniß durch unser Wünschen, Hoffen und Fürchten.»[10] Bescheidenheit und Scheu mögen eine Rolle gespielt haben; – aber wie viele Historiker jener Zeit waren sich so klar über das subjektive Element ihrer Arbeit?

Man kann Burckhardt als elegischen, auch stoischen Pessimisten in Hinblick auf die Einschätzung seiner Zeit betrachten. Aber er war und blieb Diagnostiker und ließ sich nie verleiten, Heilmittel oder Wege zur Erlösung vorzuschreiben. Daher stellte sein Kulturpessimismus keine politische Gefahr dar. Auch gab er nie die Hoffnung auf, daß das Unvorhergesehene eine glücklichere Zeit bescheren könnte; noch glaubte er an die schöpferische Kraft, die sich einst entfalten könnte; an den Untergang des Abendlandes glaubte er nicht.

Über einige Themen hat er geschwiegen, weil er sie wohl kaum zur Kenntnis genommen hat: das Los des Proletariats, den humanistischen Zug im Sozialismus, das Phänomen des neuen Imperialismus in den europäischen Staaten und schließlich auch das Aufkommen der Moderne. Mit moderner Kunst und Literatur hatte er nur wenige Berührungspunkte: der Name Ibsen erscheint nicht im Register der Briefe. Den ungeheuren Aufschwung der Naturwissenschaften mag er, wenn überhaupt, skeptisch beobachtet haben.

Wir neigen dazu, das lange 19. Jahrhundert als ein beneidenswert ruhiges zu betrachten. Das entsprach weder Burckhardts Erfahrung noch seiner Auffassung. Allein die enorme demographische Entwicklung Basels mit seinen von ihm so beklagten demokratischen Folgen war eine lokale Bestätigung des revolutionären Wandels Europas, – und es war dieser allumfassende Wandel, den Burckhardt in seinem historischen Zusammenhang verstehen wollte. Im Jahre 1859 hielt er zum ersten Mal seine Vorlesung über das Revolutionszeitalter; es war das Todesjahr Tocquevilles, mit dem er in so vieler Hinsicht verbunden war, und es ist auch kein Zufall, daß diese beiden Deuter des demokratisch-revolutionären Zeitalters zur gleichen Zeit in Amerika populär wurden, d. h. kurz vor dem und während des Zweiten Weltkrieges, als konservativ-liberales Nachdenken über Wesen und Folgen von Demokratie um sich griff.

Trotz ausdrücklicher Anerkennung der Gefahr subjektiver Parteinahme hält Burckhardt in dieser Vorlesung einleitend fest: «Wagen wir also … die akademische Darstellung jener *ersten Periode unseres jetzigen revolutionären Weltalters … Kultus und Nachahmung der ersten französischen Revolution [sind] ein Element der jetzigen Bewegung, also schon historisch zu deren Erkenntnis nötig.»[11] Die Wucht der Französischen Revolution hatte sich in keiner Weise erschöpft. Die Revolutionen von 1830 und 1848 waren Beweis, daß der Geist der Revolution lebendig blieb; das Verlangen nach sozialer Gleichheit und politischer Macht nahm zu. Er erkannte früh, daß es kein Zurück gab; in einem erstaunlichen Brief an Gottfried Kinkel erklärte er bereits im Jahr 1842, daß wegen der völligen «Negation, die zu Ende des vorigen Jahrhunderts in Staat, Kirche, Kunst und Leben eintrat …, an eine Herstellung der alten Unmündigkeit gar nicht mehr zu denken ist.»[12] Das Kantsche Wort mag wohl klarmachen, daß Burckhardt kein Reaktionär war, daß er den Versuch der Restauration als eitles Unternehmen einschätzte und im

Ancien régime kein goldenes Zeitalter zu sehen vermochte. Was ihn bedrückte, war der Versuch des Sprunges von Unmündigkeit zur Behauptung allgemein verbreiteter, politisch anspruchsvoller Vernunft.

Er erkannte die revolutionäre Wucht anderer Kräfte. England bildet mit seinem Welthandel und seiner Industrie das allgemeine Vorbild: «...es beginnt das Weltalter des Erwerbs und Verkehrs, und diese Interessen halten sich mehr und mehr für das Weltbestimmende.»[13] Hier schon liegt eine erste Andeutung vor, daß Burckhardt das Ineinander-Schlingen des Geistes und des Materiellen als das konstituierende Treibende in der Geschichte betrachtete. Er hat die politische und wirtschaftlich-soziale Revolution miterlebt; er verstand die deutschen Kriege im Zeitalter Bismarcks als revolutionäre Ereignisse. Das waren die wichtigsten Komponenten der «historischen Krise» seiner Zeit. Rückblickend – aber auch zukunftsträchtig – sagte er in seiner Vorlesung «Über das Studium der Geschichte» im Wintersemester 1872/73: «Diese ganze Welt wird eines Tages bedroht, der *Geist* wird Wühler, bohrt an dem Gebäude und bringt es endlich zu Fall.»[14] «Der Geist wühlt» – damit bezeichnete er den dynamischen Ursprung des steten Wandels; und in dieser Annahme liegt auch der gewaltige Unterschied zwischen ihm und dem genau gleichaltrigen Karl Marx. Wie lohnend wäre ein eingehender Vergleich zwischen den scheinbar radikal verschiedenen Deutern von Vergangenheit und Gegenwart, vom historischen Prozeß überhaupt. Eins aber hatten Marx und Burckhardt gemeinsam: dieselbe Abscheu vor dem Kapitalismus. Sie waren sich der politischen und sozialen Revolution ihrer Zeit bewußt, mehr als die meisten ihrer

Zeitgenossen. Marx glaubte, daß die Diktatur des Proletariats die Brücke zum emanzipatorischen Kommunismus sein würde, Burckhardt dachte an die Wahrscheinlichkeit einer neuen Despotie der wiederhergestellten Autorität.

Burckhardt war auch Zeuge einer stillen Revolution: der Säkularisierung des Geistes und der Menschen. Er selbst, als Pfarrerssohn, begann ein Theologiestudium und gab es auf, als sein Gewissen ihm bewies, daß ihm der unerläßliche Glauben fehlte. In eigener Seele hat er dieses Drama des Jahrhunderts erlebt und hat es in Briefen jener Zeit beschrieben. Christliche Lehre und eigenes Urteil ließen ihn nie zweifeln an der unentrinnbaren Präsenz des Bösen im Menschen und in der Geschichte; daher auch seine Verachtung für den optimistischen Glauben seiner Zeitgenossen. 1871 schrieb er an Preen, er hoffe, «daß endlich der verrückte Optimismus bei Groß und Klein wieder aus den Gehirnen verschwände. Auch unser jetziges Christenthum genügt hiezu nicht, da es sich seit 100 Jahren viel zu stark mit diesem Optimismus eingelassen und verquickt hat.»[15] Im selben Jahr die Frage: «Ob wir jetzt am Eingang einer großen religiösen Crisis stehen, wer vermag es zu ahnen? Ein Kräuseln auf der Oberfläche wird man bald inne werden – aber erst in Jahrzehnten: ob eine Grundveränderung vorgegangen?»[16] Es war die Zeit der Machtansprüche Pius' IX. und des Kulturkampfes in mehreren Ländern. Burckhardt verstand diese Krise als ein geistiges Phänomen, ohne auf die psychologischen – oder wie wir heute sagen würden: die existentiellen – Folgen der Krise bei den Menschen einzugehen. Man darf fragen, ob bei Burckhardt das Geistige das Psychologische schmälerte oder verdrängte, ob der so viel jüngere Nietzsche, sein damaliger Mitstreiter, das Psychologische höher wertete und besser verstand.

Nach der Vollendung seiner ersten großen Werke und dem Auftakt zu neuen Erschütterungen im europäischen Leben wandte er sich der Betrachtung der fortdauernden Revolution zu. Das war in den 60er Jahren, die mit der Entstehung des italienischen Königreichs aus Krieg und Revolution begannen, dann die inneren und äußeren Siege Bismarcks brachten und in Rußland, England und Nordamerika zu neuen emanzipatorisch-demokratischen Reformen führten. Es sind zugleich die Jahre von Pius' IX. Kampf gegen die Moderne. Burckhardt versuchte die Wirren der Zeit seinen Basler Zuhörern – «the happy few» – verständlich zu machen unter dem Konzept des Dramas der historischen Krisen, die eigene Zeit mit inbegriffen.

Seine Analyse der historischen Krisen ist vielleicht sein größter Griff, etwas zugleich Erhabenes und Fundamentales – mit Thukydides vergleichbar. Allein der Begriff der Krise als des entscheidenden Phänomens der Geschichte bedeutet einen Gedankenflug. Menschen und Momente der Vergangenheit erklären Gegenwart, Phänomene der Gegenwart erleuchten Vergangenheit, und alles wird vorgestellt mit einer divinatorischen Gabe. Hier kann ich nur andeuten, wie er die Krise seiner Zeit erkannte und wie er aus ihrer Analyse und in Kenntnis der Prozesse der Vergangenheit die Folgen in ungewisser Zukunft vorahnen konnte.

In welcher Bündigkeit, mit welcher literarischen Kunst er den Zyklus der Krisen beschreibt – mit klarem Anklang an die Französische Revolution! Das Aufbrausen, «die ideale Seite» am Anfang einer Krise entsteht, weil «nicht die Elendesten sondern die Emporstrebenden den eigentlichen Anfang machen». Daher am Anfang «das brilliante Narrenspiel der Hoffnung», die im Terror enttäuscht wird und am Ende zur «Ermüdung» führt: «Etwas Todmüdes aber fällt unfehlbar dem Stärksten in den Arm ..., und dieß werden nicht neu gewählte und gemäßigte Versammlungen sein, sondern Soldaten.»[17] Diese Betrachtungen, die historisches Wissen und analytische Schärfe verbinden, sind ein seltenes Geschenk eines Historikers, der gleichzeitig dichterische Gaben besaß.

Der Krieg von 1870/71 in den beiden großen Nachbarländern hat Burckhardt besonders erschüttert, und das Schauspiel gewaltiger Veränderungen gab ihm Vorahnungen der Zukunft. Man spürt seine intensive Teilnahme an Bismarcks revolutionärem Auftritt, am Kriege selbst. Er sah mit Schrecken die Vollkommenheit der Rache, das Ziel, den Besiegten aufs Tiefste zu erniedrigen – und daher auch die ernsten Folgen für deutsche Politik und Stimmung. «Das Bedenklichste ist aber nicht der jetzige Krieg, sondern die Aera von Kriegen in welche wir eingetreten sind, und auf *diese* muß sich der neue Geist einrichten.»[18] Burckhardt, Ranke-Schüler und Ranke-Kritiker, verwarf den Gedanken des «Primats der Außenpolitik» und leitete «alle 3 letzten Kriege aus dem Wunsch ab, innern Verlegenheiten zu begegnen».[19] Er sprach vom Untergang Deutschlands, von der bevorstehenden «Geistesverödung»[20] und – auf Kollegen zugespitzt – davon, daß bald «die ganze Weltgeschichte von Adam an siegesdeutsch angestrichen und auf 1870/1 orientirt sein wird»[21]. In gewisser Hinsicht könnte man Burckhardt als Zeugen eines deutschen Sonderwegs zitieren. Die größte Gefahr allerdings sah er in einer «drohende[n] Verflechtung der gegenwärtigen Crisis mit gewaltigen Völkerkriegen».[22] Er erkannte auch eine verwandte Gefahr: «... wo das Renommiren der Straße anfängt und den Krieg erschreit, geniren sich alle Andern, und machen mit, auf daß man sich um des Himmels Willen nicht für feig halte, und namentlich auf daß sie nicht vor ihren Weibern als feig erscheinen.»[23]

Burckhardt hielt die Krise für allumfassend. Er war kein Freund des sogenannten Fortschritts, so wie ihn der Radikalismus als Glaubenssatz vertrat; aber er war auch kein Freund des technischen Fortschritts. Ein einziges Beispiel: Im begeisterten Eisenbahnbau und Verkehr seiner Zeit sah er eine große Gefahr – wobei er die Bahn wohl als Symbol der steigenden Schnelligkeit und Unbeständigkeit der Zeit betrachtete; heute erscheint sie mir als eine angenehme Stätte der Ruhe. Der Eisenbahnbau war um die Jahrhundertmitte *das* dynamische Unternehmen, von vielen umjubelt, von andern als Gefahr und Ärgernis empfunden. In dieser Frage gehörte Burckhardt, der sich gegenüber Hermann Schauenburg als «Modernitätsmüden»[24] bezeichnete, zu einer breiten Schicht von Gebildeten.*

---

* Ein einziges Beispiel: Der sehr viel ältere Heinrich Heine war ebenfalls tief beeindruckt von der «Erscheinung der großen Bewegungsmächte», aber sein Urteil über den Eisenbahnbau war nuanciert. Den Denkern vermittelt dieser Bau «ein unheimliches Grauen, wie wir es immer empfinden, wenn das Ungeheuerste, das Unerhörteste geschieht, dessen Folgen unabsehbar und unberechenbar sind. ... das Unbekannte übt seinen schauerlichen Reiz, verlockend und zugleich beängstigend. So muß unsern Vätern zumut gewesen sein, als Amerika entdeckt wurde ..., als die Buchdruckerei die ersten Aushängebogen des göttlichen Wortes in die Welt schickte. Die Eisenbahnen sind wieder ein solches providencielles Ereignis ...; es beginnt ein neuer Abschnitt in der Weltgeschichte und unsre Generation darf sich rühmen, daß sie dabei gewesen ... Sogar die Elementarbegriffe von Zeit und Raum sind schwankend geworden.» (Lutetia, LVII, 5. Mai 1843)

Er sah den Widerspruch zwischen der Demokratie und dem niedrigsten Stand, den er einfach als «Elend» bezeichnete, ein historisches Phänomen, das früher «politisch mundtot» war, jetzt aber «laut wird»: «... es will eben kein Elend mehr sein, und wir sind ja im Zeitalter der ewigen Revision.»[25] Er hatte wenig Mitgefühl mit dem Leben im Elend, und die Arbeiterstreiks und die Sozialisten bestärkten seine Furcht vor Nivellierung. Und doch sah er den potentiellen Konflikt: «Einmal werden der entsetzliche Capitalismus von oben und das begehrliche Treiben von unten wie zwei Schnellzüge auf demselben Geleise gegen einander prallen.»[26] Dies stammt aus dem Jahr 1890. Daß gerade der reformistische oder revisionistische Sozialismus den Kapitalismus bändigen und zu einem sozialen Ausgleich führen könnte, das hat er nicht vorausgesehen.

Haupttendenzen der Zeit waren der demokratische Geist und das Verlangen nach Gleichheit. Demokratie bedingt «suffrage universelle», und Burckhardt, wie so viele Konservative seiner Zeit (Disraeli und Bismarck waren Ausnahmen), sah dieses Wahlrecht mit dem Aufkommen gierigster Mittelmäßigkeit verbunden. Die Staatsmacht wird immer größer, der Militarismus wächst, und der «Militärstaat muß Großfabricant werden»[27] – eine Warnung, die ein paar Jahrzehnte später Präsident Eisenhower mit dem Wort vom «military-industrial complex» beschwören wird. Der wirtschaftliche Individualismus und die geistige Nivellierung würden zum Schwund von Autorität führen, und der Zerfall von Autorität werde eine neue Despotie, einen Cäsarismus, eine Mischung von Autorität und Usurpation, wie Burckhardt ihn in Louis Napoleon erkannt hat, hervorrufen. «Darum wird in dem angenehmen XX. Jahrhundert die Autorität wieder ihr Haupt erheben, und ein schreckliches Haupt.»[28] In der wohl meistzitierten Prophezeiung schilderte er das Aufkommen von «terribles simplificateurs»[29], von großen Verführern der öffentlichen Meinung. Seine düstere Diagnose des demokratischen Zeitalters muß man einordnen zwischen der sehr viel nuancierteren und auch unübertroffenen Analyse Tocquevilles und der noch viel radikaleren Ablehnung und vernichtenden Kritik Nietzsches. Daß man Burckhardt im Schatten von Hitlers Aufstieg mit besonders leidenschaftlicher Teilnahme gelesen hat – das erscheint selbstverständlich. Und wenn man seine Sprache in die heutige übersetzt, wenn man an den heutigen Götzendienst des freien Marktes denkt, an den ungenügenden Gemeinschaftssinn und an andere Übel – dann mag man zum Schluß kommen, daß Burckhardt zeitgemäß geblieben ist und seine Aktualität nicht verloren hat.

Burckhardt war gekennzeichnet von einem absolut realistischen Idealismus – diesseits von Gut und Böse. «Auf Erden ist das Unsterbliche die Gemeinheit»[30], – und gleichzeitig war er sich der historischen Größe bewußt, besonders der Größe von Einzelnen und Seltenen. Er hat Bedeutung und Größe der Renaissance in Geist, Kunst und Staat einzigartig erfaßt, er hat sich in Bewunderung geübt. «Die verehrende Kraft in uns ist so wesentlich als das zu verehrende Object.»[31] Von solcher Höhe, bei solchen Werten auf das eigene Jahrhundert schauen – das verdüstert die Perspektive. Er, der das Leben des Einzelnen in der Renaissance als entwickeltes Kunstwerk beschrieben hat, der den menschlichen Charakter für wichtiger hielt als Wissen und Können, empfand wohl jede Einschränkung der Möglichkeiten freier menschlicher Selbstentwicklung als eine Art Verstümmelung. Seine Werte entsprachen nicht einfach den Werten einer geistigen Oberschicht, sondern waren in ihrer Art aus der Geschichte abgeleitet.

Er glaubte an die Kontinuität geistiger Errungenschaften in Europa – und sah mit Sorge auf das Wesen seiner Zeit. Überall witterte er Momente geistigen Verfalls oder Niedergangs, auch und ganz besonders in der Dynamik der Geldgier. Gleichzeitig beklagte er das Absinken des Individuums in die von ihm so gefürchtete Masse – ein paar Jahrzehnte später hat David Riesman in seinem Buch «The Lonely Crowd» ein ähnliches Bild von unserer Zeit gezeichnet: die Einsamkeit des von den Massen umschlungenen Menschen. – Der Niedergang des Individualismus gerade im Zeitalter von aufkommenden Bürgerrechten, von verfassungsmäßigem Schutz der Menschen und Bürger? Burckhardt sah in «Erwerb und Verkehr» das verheerende Ende des schöpferischen, unabhängigen Menschseins, die Unterdrückung des geistigen Lebens durch den allmächtigen Kommerzialismus. Im ganzen 19. Jahrhundert gab es Stimmen der tiefsten Besorgnis, daß die moderne Gesellschaft das Schöpferische unterdrücken werde – Stendhal und Heine, Ralph Waldo Emerson und Nietzsche: alle teilten diese Befürchtung und formulierten sie in unterschiedlichster Weise. Pessimismus schöpft aus vielen Quellen; Benedetto Croce meinte: «Wie in allen Pessimisten schlummerte in Burckhardt ein ungestillter Eudämonismus.»[32]

Denkt man an das lange 19. Jahrhundert mit seinen literarisch-künstlerischen Meisterwerken, mag man sich gegen Burckhardts Meinung sträuben, aber als Vorhersage ist sie bemerkenswert. In unserem Jahrhundert war das Individuum ganz anderer, brutaler Gefahr ausgesetzt. Aber die Grundsorge, daß nicht nur der Staat, sondern auch die vom Liberalismus geprägte freie Gesellschaft in ihrer Abhängigkeit vom Mehrheitswillen die Minderheit und das Individuum bedroht – dies haben Tocqueville, John Stuart Mill und Nietzsche ebenfalls befürchtet, und dies hat sich in unserem unangenehmen Jahrhundert oft bestätigt.

Ob Burckhardt die Möglichkeiten des «Geistes» unter- oder überschätzt hat? Trotz allem: Der europäische Geist hat noch Großartiges geschaffen – vor dem Ersten Weltkrieg und gleich nach dem Zweiten. Mehr noch: Der Geist hat in Osteuropa die kommunistische Despotie erfolgreich untergraben. Und dennoch wurde er überschätzt in Hinblick auf seine Widerstandskraft: Gerade in dem Land, das den Geist sozusagen gepachtet zu haben schien, nämlich Deutschland, hat sich der Geist 1933 selbst preisgegeben, sich selbst verraten. Sicher korrumpiert der Kommerzialismus den Geist, aber der Geist kann sich auch selber korrumpieren.

Aus seinen herrlichen Briefen und Vorträgen wissen wir, daß Burckhardt gepflegte Antipathien hatte, oft symbolischer Gestalt. Sie sind den Vorurteilen der geistigen Oberschicht Europas verwandt: konventionell-konservativ, bei Burckhardt allerdings durchdrungen von moralischen und ästhetischen Betrachtungen und versehen mit Zukunftsvisionen. Ich beschränke mich auf drei sehr verschiedene Zielscheiben seiner Befürchtungen oder Verwerfungen: Amerika, Rousseau und die Juden.

26

Amerika war für Burckhardt das negative Vorbild, der Schrecken der Zukunft. Er spürte keinen Hauch vom Goetheschen Glauben «Amerika, Du hast es besser», er hatte kaum Verständnis für die Millionen, die in die ungewisse Ferne auswanderten. Amerika war das kulturlose Land par excellence, das Land der Moderne – und gerade seine erste schriftliche Bemerkung zu Amerika bestätigt den tieferen Grund der Antipathie, die eigentlich aus der Furcht vor europäischen, ja schweizerischen Entwicklungen stammte: Im Juli 1864 schrieb er an seinen Freund und Kollegen Otto Ribbeck in Kiel, besorgt um ihn und besonders um seine Arbeit wegen des Krieges um Schleswig-Holstein: «Vor 100 Jahren waren alle sonstigen Lebensverhältnisse viel stetiger und einfacher; man wußte: in diesem Hause, das Dir gehört und das Du nach Belieben mit Büchern und Sammlungen anfüllen kannst, wirst Du, wenn nichts Absonderliches eintritt, in 30–40 Jahren sterben, nun nimm einen vernünftigen Anlauf. Wer kann das jetzt noch sagen? Der Ortswechsel, das enge Wohnen, die Excitantia aller Art, womit unser liebenswürdiges Saeculum so reich gepfeffert ist, die Hatz und Eile, und wer kann sagen was noch Alles – von diesen Geschichten aus muß auch das Arbeiten sich americanisiren.»[33] Ich kenne keine andere Stelle, wo die konservative Nostalgie des Wohllebens so knapp ausgedrückt und so schnell mit der Bedrohung durch die Amerikanisierung verbunden wird. Sicher gab es damals – wenn vielleicht auch nicht gerade in diesen Jahren des unerwähnten Bürgerkriegs – viele Amerikaner in Boston oder Philadelphia, die einer gleichen Stimmung verfallen waren. In seinen Betrachtungen zu «Ursprung und Beschaffenheit der heutigen Crisis» notierte sich Burckhardt in einem mit «März 1873» datierten Zusatz: «Die geistige Production in Kunst und Wissenschaft hat alle Mühe, um nicht zu einem bloßen Zweige großstädtischen Erwerbes herabzusinken, nicht von Reclame und Aufsehen abhängig, von der allgemeinen Unruhe mitgerissen zu werden … Welche Classen und Schichten werden fortan … die Forscher, Denker, Künstler und Dichter liefern? die schaffenden Individuen? Oder soll gar Alles zum bloßen business werden wie in America?»[34] Was aber wußte Burckhardt von dem wirklichen Amerika, hat er die herrlich nuancierte Analyse von dem ihm sonst so nahestehenden Tocqueville gelesen? Für Burckhardt mag Amerika lediglich eine Art Signatur des Modernen gewesen sein – und von den geistigen Kräften in Amerika scheint er kaum etwas mitbekommen zu haben. Vielleicht hat er das Reagansche und post-Reagansche Amerika vorausgeahnt – und dafür gebührt ihm wieder uneingeschränkte Anerkennung. Allen Ernstes: Seine Befürchtungen hinsichtlich der Folgen einer kapitalistischen Kultur – er hat diesen Begriff nicht benutzt – haben vielleicht heute einen starken Widerhall: Anscheinend stehen wir am Anfang eines globalen «capitalisme sauvage», wie Jacques Delors es einmal nannte, einer Zeit, wo Kapital und manipulierte öffentliche Meinung tatsächlich das kulturell Schöpferische bedrohen oder bestimmen.

Nun eine etwas gewagte Randbemerkung zu Burckhardts hartem, knappem, oft wiederholtem Urteil über Rousseau. Er hat diesen endlos faszinierenden Menschen rein negativ bewertet, und zwar nur deshalb, weil Rousseau die natürliche Güte des Menschen predigte und daher an der revolutionären Utopie und dem seich-

28

ten Optimismus die Hauptschuld trage. Aber dieser europäische Optimismus, dieses Vergessen des Bösen, war doch mindestens ebensosehr durch die Fortschritte im Leben und in den Naturwissenschaften hervorgerufen wie durch Rousseau. Bei einer solchen Vereinfachung mag das vielleicht unbewußte Unbehagen des stillen, im rein Privaten lebenden Burckhardt gegenüber dem Selbst-Enthüller, der seine Sünden und gestohlenen Früchte stolz zur Schau trug, eine Rolle gespielt haben. Er muß ihn als Antipoden gesehen haben – und doch gab es Gemeinsamkeiten, denn auch Rousseau hatte seine konservativen Impulse, die an Edmund Burke erinnerten. Vielleicht darf man vorschlagen, daß für Burckhardt Amerika und Rousseau, inter alia, eine Art von Idealtypen waren, wie sie Max Weber beschrieb, in diesem Fall Idealtypen negativer Art.

Heikler noch war Burckhardts Einstellung zum Judentum. Als Anhänger und Verteidiger einer alten Kultur, als Feind des Modernen, war Burckhardt ein entschiedener Gegner der jüdischen Präsenz, wie viele der damaligen Welt überhaupt. Man darf nicht vergessen, daß der rapide Aufstieg west- und mitteleuropäischer Juden im 19. Jahrhundert ein einmaliges Phänomen in der europäischen Geschichte darstellte: den Weg einer selbstbewußten Minderheit, die von der abgegrenzten Peripherie, dem Ghetto, in ein oder zwei Generationen einen prominenten, wenn auch stets umstrittenen und begrenzten Platz im Zentrum des Lebens erreicht hatte. Wie konnte Burckhardt, der die Presse, der Erwerb und Verkehr und die Hast des materiellen Lebens fürchtete, wie konnte er nicht bemerken, daß Juden gerade in diesen Gebieten zu seinen Lebzeiten einen so ungeheuren Einbruch in das Leben

Europas bewirkt haben? Die Gleichsetzung der Juden mit der Moderne bildete eine weitverbreitete Komponente des neuen Antisemitismus; das Wort übrigens wurde in den 70er Jahren erfunden oder zumindest in den allgemeinen Sprachgebrauch aufgenommen. Im Jahr 1880, zur Zeit der ersten großen Campagne in Deutschland für die Beschränkung der bürgerlichen Rechte der Juden, schrieb Burckhardt an Preen: «Dem Semiten würde ich gegenwärtig große Klugheit und Mäßigung anrathen und glaube selbst dann nicht mehr daß die gegenwärtige Agitation wieder einschlafen werde. Der Liberalismus, welcher den Semiten bis jetzt vertheidigt hat, wird schon in Bälde der Versuchung, ein solches Odium abzuschütteln, nicht mehr widerstehen können … Und dann wird auch die Gesetzgebung wieder verändert und namentlich garantire ich den HH. semitischen Juristen ihre Carriere nicht mehr auf lange Zeit … Die Semiten werden namentlich ihre völlig unberechtigte Einmischung in alles Mögliche büßen müssen und Zeitungen werden sich semitischer Redacteure und Correspondenten entledigen müssen wenn sie weiter leben wollen. So etwas kann sich einmal plötzlich und contagiös von einem Tag auf den andern ereignen.»[35] Der Ton ist befremdend, ein Ton hämischer Besorgnis. Auch schimpfte er auf «Zeitungsjuden», und noch erstaunlicher ist, daß er Preen schrieb, Drumonts «La France juive», jene ungeheuer erfolgreiche Hetze, sei «sehr lesenwerth, namentlich für Deutsche»[36]. Burckhardt hat sich nie öffentlich als Antisemiten bekannt, aber er hat auch nicht wie Nietzsche den wilden, ressentiment-beladenen Antisemitismus in Deutschland gerügt oder gegeißelt. Nietzsche erkannte die Gefahr, die für die Kultur überhaupt von diesem neuen chauvinistischen Fanatismus ausging. Burckhardt – wie auch Marx – sah in Juden den Geist des verhaßten Kapitalismus verkörpert –, als ob Juden ihn gepachtet hätten. Burckhardt empfand jüdischen Einfluß und jüdische Präsenz als eine weitere Schwächung Europas, eine Bedrohung alter Sitten. Es ist ein bemerkenswerter Zufall, daß in seinem Todesjahr, hier in Basel, der erste Zionistenkongreß stattfand. Wie hätte er auf das jüdische Verlangen nach einer eigenen National-Heimat reagiert?

Burckhardts Einstellung Juden gegenüber zeigt ihn eher zeitgebunden – und konventionell. Wichtiger waren die zeitlosen Gedanken dieses großen Moralisten, sein Glauben an den europäischen Geist, an dessen Kontinuität, an dessen Größe und Einmaligkeit – und seine Furcht vor dem Niedergang. Spät im Leben erkannte er im Nationalismus eine weitere Gefährdung Europas, einen weiteren Aspekt der heutigen Krise. Wieviel Weisheit und humanes Verständnis finden wir bei ihm, das gerade in uns eine besondere Resonanz hervorruft! Ich denke etwa an das Kapitel über «Glück und Unglück in der Weltgeschichte» und den für uns erschütternden Satz: «Entstehen und Vergehen sind zwar das allgemeine Erdenschicksal. Jedes wahre Einzelleben das durch Gewalt und (nach unserm Dafürhalten) vorzeitig dahingerafft wird, darf als schlechthin unersetzlich gelten, sogar als nicht ersetzlich durch ein anderes eben so treffliches.»[37]

Eine kommende Despotie entsprach wohl seiner Erwartung, aber nicht seiner Hoffnung. An Preen schrieb er 1892, es werde «sich wohl im XXsten Jahrhundert, wenn einmal Zeiten der Verarmung und Vereinfachung kommen und die Orientation aller Hervorbringungen auf das Großstädtische und dessen Presse aufhört, noch immer zeigen daß frische und große wirkliche Kräfte vorhanden sein können, welche der allgemeinen Verfälschung entrinnen und sie überleben werden?? – Das sind so meine unmaßgeblichen Tröste.»[38] Es war die Hoffnung auf erlösende Askese – auf deren Notwendigkeit nur ein paar Jahre später Max Weber sich ebenfalls berief. In einem Brief an Adolf Harnack von 1906 schrieb Weber: «Aber daß unsre Nation die Schule des harten Asketismus niemals, in *keiner* Form, durchgemacht hat, ist, auf der andren Seite der Quell alles Desjenigen, was ich an ihr (wie an mir selbst) hassenswerth finde, und vollends bei *religiöser* Wertung steht eben ... der Durchschnitts-Sektenmensch der Amerikaner ebenso hoch über dem landeskirchlichen ‹Christen› bei uns ...»[39]

Abschließend einige etwas weitschweifende Bemerkungen. In unserer heutigen Welt sind Burckhardts wissenschaftlich geprägte Phantasie und seine Ansichten über das Studium der Geschichte noch wichtiger und anregender, als sie es vor fünfzig Jahren zur Zeit ihrer ersten großen Rezeption in den USA waren. Im Bereich der Geschichtswissenschaft haben sich Burckhardts Befürchtungen nicht nur bestätigt, die Wirklichkeit übertrifft sie. Das Spezialistentum ist noch mehr gewachsen, und die meisten Historiker haben sich vom großen Publikum abgewendet, wie auch das Publikum von der Geschichte. Wir sind nicht mal mehr klug für das nächste Mal. In Amerika, fürchte ich, wird Burckhardt weniger gelesen als früher, und statt dessen ist sein jüngerer Kollege in Basel, Nietzsche, von der Postmoderne beschlagnahmt; sie haben sich an Nietzsche vergriffen, und sein Gespür für das tief Menschliche wird in schwer verständlichen Theorien verschlissen. Wie sehr würde das Studium der Geschichte von einer erneuten Beschäftigung mit der einzigartigen Kulturgeschichte Burckhardts Gewinn tragen, wie sehr sollte man sich an Nietzsche als Psychologen und Moralisten, als Mahner gegen Mißbrauch, als Sprachgenie erinnern!

Burckhardts Liebe zu Europa findet auch heute noch Widerhall, trotz des mißlichen Tons am Ende: «Denn Europäisch ist: nicht bloß Macht und Götzen und Geld, sondern auch den Geist zu lieben ... Tödlich für Europa ist immer nur Eins erschienen: Erdrückende mechanische Macht, möge sie ... von angesammelten heimischen Machtmitteln im Dienst Eines Staates oder im Dienst Einer Tendenz, etwa der heutigen Massen, ausgehen.»[40] Seine Weise, Vergangenheit und Gegenwart zu verbinden, hatte stets Nachfolger – wenn auch nur wenige –, die in ihrem eigenen Geist ihre Zeit und Not erkannt haben. Ich denke etwa an Johan Huizinga, der so viel von Burckhardts Denken übernahm und der 1943 in der entsetzlichsten Krise, die über Europa hineinbrach, ein Buch über Kultur im Burckhardtschen Sinne geschrieben und die Frage nach der Genesung der Kultur gestellt hat: «Eine Aussicht auf Genesung, – mehr kann man nicht sagen. Ist es doch deutlich genug, daß dieses bitterste aller Jahrhunderte, das sich in einer beispiellosen Agonie seiner Mitte nähert, von einem fortschreitenden Kulturverfall gestempelt ist, welcher in einer katastrophalen Zerstörung enden kann.» Am Ende seines Buches fordert er in der Hoffnung auf Genesung, daß «einige Worte und Begriffe, welche die falschen Propheten der Gegenwart in den Staub gezogen haben, in Ehre und Würde wiedereinzusetzen» seien – darunter Demokratie, Freiheit, Liberalismus und Humanismus.[41] Sprache und Genesung der Kultur sind nun tatsächlich untrennbar.

Auch heute gibt es noch Historiker – und gerade hier in Basel –, die sich mit Vergangenheit und Gegenwart auseinandersetzen, zum Gewinn beider. Ich denke an Herbert Lüthy, der 1990 eine historische Analyse über die Frage «Wo liegt Europa?» mit der Hoffnung beendete, daß es doch noch zu einer europäischen Friedensordnung kommen könnte: «Es bedürfte einer Sternstunde der Politik, wie sie in diesem Herbst 1990 nicht in Sicht ist. Doch es bedürfte vor allem einer Erinnerung an Europa, die hinter die ‹Stunde Null› zurückreicht, und es bedürfte der Fähigkeit zu trauern, ohne zu hassen.»[42]

Ich glaube, die Erinnerung an Burckhardt erlaubt den Gedanken, daß gemeinsame Werte in Europa mindestens so wichtig sind wie gemeinsame Währung, anders ausgedrückt: Das Geistige muß das Materielle durchdringen, und europäische Emotionen müssen neu erweckt werden.

# Max Planck:
## Größe des Menschen
## und Gewalt der Geschichte

Mein Dank für diese ehrenvolle Aufgabe ist verbunden mit Gefühlen der Beklemmung: Einige von Ihnen kannten Max Planck noch, viele von Ihnen stehen seinem Erbe näher als ich. Vielleicht kann ein Außenseiter die weltweite Bewunderung, die Planck genoß, und sein Schicksal als wissenschaftlicher Weltbürger und als gefeierter und hart geprüfter Patriot im eigenen Land mit einer gewissen Distanz darstellen. Professor Weidenmüller hat bereits Plancks Bedeutung in der Wissenschaft geschildert.[1] Planck spielte aber auch eine überragende Rolle in der deutschen Geschichte; er hat das Land in seinem Aufstieg gefördert und bei seinem Niedergang versucht zu retten, was zu retten war; er hat die deutsche Geschichte mitgestaltet und miterlitten, und in Erinnerung an ihn kann man sie besser verstehen. Er besaß eine moralische Autorität, die ihn in guten Zeiten zum ersten Diener der Wissenschaft erhoben hat und in Zeiten der Unmenschlichkeit in schwere Bedrängnisse verwickelte.

In unserer Zeit und in meinem Fach wird kaum mehr von menschlicher Größe gesprochen. Sicher: der Begriff ist mißbraucht worden, wie viele andere Begriffe auch. Aber das Bestehen menschlicher Größe nicht anzuerkennen ist ein unsagbarer Verlust, eine unnötige Preisgabe historischer Wirklichkeit. Mit seinem

Wirken und Wesen, mit seinem Anstand und mit seinem Einsatz der praktischen Vernunft, mit seiner bescheidenen Würde verkörperte Planck Größe. Seine freudige Fähigkeit zu bewundern erinnert an die Worte Jacob Burckhardts: «Die verehrende Kraft in uns ist so wesentlich als das zu verehrende Objekt.»[2]

Max Planck wurde 1858 in einer heilen Welt geboren – heil zumindest im Rückblick, in eine deutsche Welt des beflügelnden Aufstiegs; er starb 89 Jahre später inmitten der Trümmer seines Landes. Er war Erbe wichtiger Traditionen: Sein väterlicher Urgroßvater war ein weitdenkender Theologe, wie auch sein Großvater; sein Vater lehrte Jurisprudenz, und seine Mutter stammte aus einer ostpreußischen Pastorenfamilie.

Theologie und Zivilrecht – das waren die Säulen des damaligen bürgerlichen Lebens. Es war eine Zeit der stabilen Selbstverständlichkeit; es gab meistens Einklang zwischen Familie und sozialer Welt, es gab die klaren Gebote des Benehmens und der Bildung. Wir reden allerdings von einer Oberschicht, von den Wenigen, die eine materielle und soziale Sicherheit besaßen, die eine harmonische Entfaltung ihrer Persönlichkeit anstrebten, die das Verhältnis zur klassischen Welt und Kunst pflegten. Noch gab es keine Kakophonie der banalen Einflüsse, wenn auch für viele Bildung zum äußeren Schmuck wurde. Plancks Lebenswerk, im Anklang an humanistische Traditionen, war die Förderung der Wissenschaft; er war bemüht, ihre Einheit zu bewahren und ihre philosophischen Grundlagen klar darzustellen. Es gab viele unausgesprochene Selbstverständlichkeiten in seinem Leben, Bindung an Familie und Vaterland gehörten dazu, wie auch Pflichtgefühl und Arbeitslust.

Vaterland entsprach etwas Selbstverständlichem. Die Identifizierung mit dem eigenen Land war gerade im 19. Jahrhundert historisch-psychologisch bedingt; sie wurde verstärkt durch die Dramatik des historisch Erlebten. Für Planck waren Staatstreue und patriotischer Stolz Selbstverständlichkeiten und Erbgut der Familie: lutheranischer Glaube an staatliche Autorität, deren höchste Aufgabe es war, das Recht zu wahren, Sittlichkeit und Sicherheit zu garantieren.

Im Münchner Maximilians-Gymnasium erwarb er sich das Fundament humanistischer Bildung. Ein Mathematik-Lehrer förderte Plancks mathematisches Können, aber die Bequemlichkeit der einseitigen Begabung war ihm nicht gegeben. Allein seine große musikalische Gabe und Begeisterung waren zu groß; er war zu realistisch bescheiden, um Musik als Beruf zu wählen. Das tägliche Klavierspielen aber mag das Harmonische, die Ausgeglichenheit in seinem Leben ermöglicht haben; Musik erlaubte auch Annäherung an Mitmenschen, eine Annäherung, die sonst wohl eher mit Reserve und Distanz behaftet war. Sie bot Gelegenheit zu Geselligkeit, zu späteren Trios mit seinem Sohn Erwin und mit Einstein. Bis ins hohe Alter war Planck ein begeisterter Bergsteiger. Für ihn, wie für viele Physiker ebenso wie auch für viele gewöhnliche Menschen, bereiteten Alpen-Wanderungen Freude an der Einsamkeit, am Erhabenen der Natur und an konzentrierter Anstrengung und dem Erreichten.

In jungen Jahren entschloß er sich zum Studium der Physik – obwohl er sich auch ein Leben als Altphilologe oder Historiker hat vorstellen können. Bereits mit 22 Jahren in München habilitiert, machte er doch entmutigende Erfahrungen: Ludwig Boltzmann hat seine

Arbeit nicht gelesen, die theoretische Physik hatte lediglich zwei Lehrstühle in Deutschland, ein vernachlässigtes Fach, da man annahm, daß alles Wesentliche auf diesem Gebiet bereits geleistet war. Es kamen fünf Jahre Wartezeit – und seine ersten Erfahrungen mit akademischem Neid und Professoren-Streit. Dank des Eingreifens des noch heute umstrittenen Friedrich Althoff erhielt Planck eine Berufung nach Kiel. Damit erreichte er materielle Selbständigkeit, die ihm Heirat und Familiengründung ermöglichte. Vier Jahre später, 1889, wurde er als Außerordentlicher Professor nach Berlin berufen – und dort begann der steile Aufstieg in seinem Leben.

Wie auch im deutschen Leben. Es war der Auftakt zur Wilhelminischen Zeit, in der das Widersprüchliche in Deutschland sich verschärfte. Blühende Wirtschaft, Wissenschaft und Technik als Zeichen der Moderne, auch Neu-Anfänge in Kunst und in den Geisteswissenschaften kennzeichneten jene Zeit – gleichzeitig das arrogante Auftreten des verunsicherten Kaisers mit seiner Vorliebe für Macht und Schneidigkeit. Er verkörperte den Zwiespalt: Er glaubte an seine auf Gottesgnadentum beruhende Herrschaft und war gleichzeitig fasziniert von dem Modernen in der Technik. Nach Röntgens Entdeckung telegraphierte er: «Ich preise Gott, daß er unserem deutschen Vaterland diesen neuen Triumph der Wissenschaft beschert hat.»[3] Gott, Vaterland und Wissenschaft – in einem einzigen Satz ertönt der heilige Dreiklang des offiziellen Deutschlands.

Die ersten Jahre waren schwierig für Planck, Berlin war ein verlockendes, aber hartes Pflaster. Die Universität war weltberühmt, befand sich in erschreckendem

Wachstum, der Anspruch von Lehre und Forschung war anstrengend. Wissenschaft und Bildung genossen ein heute kaum vorstellbares Ansehen, ein größeres Ansehen als in anderen Ländern. Wissenschaft war so etwas wie ein säkularisiertes Heiligtum und für das Bildungsbürgertum ein einzigartiger Besitz. Die Naturwissenschaften wurden immer wichtiger und teurer; das Verlangen nach außer-universitärer Grundlagenforschung führte zur Gründung der Kaiser-Wilhelm-Gesellschaft. Juden waren jetzt als Forscher und Mäzene der Wissenschaft, wenn auch zögernd, akzeptiert, und sie trugen zu ihrer Blüte bei. Staat und Gesellschaft betrachteten die Naturwissenschaften als wichtige Notwendigkeit für Wirtschaft, Macht und nationales Prestige. Die Naturwissenschaftler waren sich dabei ganz besonders bewußt, daß Wissenschaft internationalen Charakter hatte: in Wettbewerb und in Zusammenarbeit. Kurz: das aufsteigende Deutschland, ein Land der disziplinierten Tüchtigkeit, bot ein günstiges Milieu – und doch waren außergewöhnliche Menschen das entscheidende Element. Menschen, die, der Forschung leidenschaftlich ergeben, von einem gemeinsamen Ethos geprägt waren, sich oft durch freundschaftliche Beziehungen gegen die großen Enttäuschungen mit sich selbst und anderen zu schützen versuchten – es waren untereinander sehr verschiedene Menschen, die eine zweite Geniezeit in den Jahrzehnten vor 1914 gestalteten. Max Planck verkörperte diese zweite Geniezeit.

In Berlin, dieser Metropole der Macht und Wissenschaft, wurde Planck zu einer der Hauptstützen des wissenschaftlich-geistigen Lebens. Er war Universitäts-Professor, wenn auch bekannt zurückhaltend bei der Zahl seiner Schüler, und reges Mitglied der Deutschen Physikalischen Gesellschaft und der Preußischen Akademie der Wissenschaften. Kaum gab es eine Sitzung, die er versäumte, schon früh wurden ihm Ämter und Hauptämter anvertraut. Die Sitzungen der Akademie waren selbstverständlich interdisziplinär, ohne Jargon. Die Physikalische Gesellschaft erlebte die «Ära Planck» genau zu dem Zeitpunkt – 1905 –, den Arnold Sommerfeld als Beginn des «goldenen Zeitalters der deutschen Physik»[4] bezeichnete. Planck war mitverantwortlich für das damals führende Organ der Physik. Seine gesamte Tätigkeit war ein großer Gewinn für Berlin und eine schwere Belastung für einen Forscher und Familienvater.

Vor vielen Jahren fand ich einen 1899 an Sommerfeld geschriebenen Brief, in dem Planck die ihm angetragene Mitarbeit an einer mathematischen Enzyklopädie ablehnt: «Mehrjährige Erfahrungen haben mich belehrt, daß ein Berliner Universitätsprofessor die Zeit, die ihm von den ewigen Sitzungen, Examina, Berichtsabfassungen noch übrig bleibt, ... bei richtiger Überlegung nur dazu benutzen darf, um sich selber und die eigenen Forschungen weiter zu fördern, zusammenfassende Darstellungen aber auf das Katheder beschränken muß.»[5] Planck hat sein eigenes Leben «mit richtiger Überlegung» und trotz fürchterlicher Schicksalsschläge zu einem harmonischen Kunstwerk gestaltet.

Einige dieser «ewigen Sitzungen» brachten Planck eine, wenn auch nur kurze, Erfahrung mit kaiserlicher Intoleranz ein. Das preußische Staatsministerium verlangte 1895 die Durchführung eines Disziplinarverfahrens gegen Leo Arons, einen jüdischen Privatdozenten der Physik, wegen Beteiligung am sozial-demokratischen Parteileben. Planck gehörte einer Sonderkommission der Fakultät an – zusammen mit Mommsen und Treitschke –, die dieses Verlangen prüfte und ablehnte. In diesem Fall wurden die Autonomie der Universität und die Freiheit der Wissenschaft noch erfolgreich verteidigt.

Das wissenschaftliche Leben im Zeitalter «des Großbetriebs der Wissenschaft», wie Harnack es 1905 bezeichnete, in einer Zeit der sich überstürzenden Entdeckungen, war physisch und psychisch ungemein belastend. In Plancks bewegenden Nachrufen, die auch ein Stück unbewußter Selbstbiographie waren, betonte er stets das Menschlich-Persönliche. So schrieb er über Helmholtz: «Ich lernte ihn aber auch von seiner menschlichen Seite kennen und ebenso hoch verehren, wie ich es in wissenschaftlicher Hinsicht von je getan hatte. Denn in seiner ganzen Persönlichkeit, seinem unbestechlichen Urteil, seinem schlichten Wesen verkörperte sich die Würde und die Wahrhaftigkeit seiner Wissenschaft. Dazu gesellte sich eine menschliche Güte, die mir tief zu Herzen ging ... ein anerkennendes oder gar lobendes Wort aus seinem Munde konnte mich mehr beglücken als jeder äußere Erfolg.»[6] So haben Einstein, Laue und Meitner, so haben viele seiner Kollegen Planck selbst empfunden.

Planck wußte aus seinem eigenen Leben, wie eng Wissenschaft und Kunst verwandt sind. Denn wissenschaftliche Ideen haben ihren Ursprung in «feinen psychischen Vorgängen, die sich dabei in der Gedankenwelt des Forschers, zum großen Teil in seinem Unterbewußtsein, abspielen ... Das sind göttliche Geheimnisse ...»[7] Das Geheimnisvolle, das jeglicher Kreativität angehört, bedingt Ungewißheit und Gefährdung. Es war die Zeit, in der Thomas Mann die Verwundbarkeit des Künstlers darstellte und in der Planck den Selbstmord von Ludwig Eduard Boltzmann und Paul Drude und später den Freitod von Paul Ehrenfest erlebte. Res Jost, der Schweizer Physiker, hat mit Recht bemerkt: «Man macht sich ... im allgemeinen nur schwer klar, welche seelische Wunden und Narben der Aufstieg zum anerkannten Forscher hinterläßt.»[8] Kummer und Tragik haben auch Planck sein Leben lang begleitet – und trotzdem oder auch gerade deswegen behaupteten sich seine Fürsorge für Andere, seine unaufdringliche Hilfsbereitschaft.

Innerhalb der «scientific community» gab es heftigen Streit über das Wesen wissenschaftlicher Erkenntnisse. Planck selbst hatte erlebt, wie jede Neuerung des Wissens «mit unbehaglichen Übergangserscheinungen verbunden ist».[9] Stets bemühte er sich, einem großen Publikum seine Vorstellung vom Ethos der Wissenschaft und von den Grenzen wissenschaftlicher Aussagen darzustellen. So erklärte er: «Die edelste unter den sittlichen Blüten der Wissenschaft und zugleich die ihr eigentümlichste ist ohne Zweifel die Wahrhaftigkeit: jene Wahrhaftigkeit, die durch das Bewußtsein der persönlichen Verantwortung hindurch zur inneren Freiheit führt und deren Wertschätzung in unserem gegenwärtigen öffentlichen wie privaten Leben noch viel höher bemessen werden sollte.»[10] Planck verkörperte dieses Ethos. Aber er wußte, daß die Anwort auf die «wichtigste, unaufhörlich wiederkehrende Frage [des] Lebens: Wie soll ich handeln?» nicht aus Wissenschaft oder Kausalität entstehen kann, sondern aus «sittlicher Gesinnung ... Charakter ... und Weltanschauung»[11] des Einzelnen. Dieses Verlangen nach Wahrhaftigkeit, Arbeit und Einsatz der Person verband asketische Strenge und leidenschaftliche Hingabe. Plancks Ethos erscheint mir als eine Vorwegnahme von Max Webers herrlich anspruchsvollem «Wissenschaft als Beruf», ein Gelübde avant la lettre. Krasser ausgedrückt: Planck wußte, daß in den Tempel der Wissenschaft – um Einsteins Wort aufzugreifen – auch viele Mittelmäßige sich eingeschlichen haben, erpicht auf den Schein der Heiligkeit, nicht auf den Ernst der Sache. Es gibt eben einen gewaltigen Unterschied zwischen Wissenschaft als Beruf und Wissenschaft als Karriere.

Das wichtigste philosophische Anliegen Plancks war die Gewinnung eines physikalischen Weltbildes – das hier nur erwähnt werden kann. In seiner Rektoratsrede im Jahr 1913 erklärte er, daß am Anfang wissenschaftlichen Schaffens eine Hypothese stehen muß: «Auch für Physik gilt der Satz, daß man nicht selig wird ohne Glauben, zumindest den Glauben an eine gewisse Realität außer uns.»[12] In einer großen Rede 1929 erklärte er, die Vernunft sage uns, «daß der einzelne Mensch, daß wir Menschenwesen alle mitsamt unserer Sinnenwelt, ja mitsamt unserem ganzen Planeten nur ein winziges Nichts bedeuten in der großen unfaßbar erhabenen Natur, deren Gesetze sich nicht nach dem richten, was in einem kleinen Menschenhirn vorgeht, sondern bestanden haben, bevor es überhaupt Leben auf der Erde gab, und fortbestehen werden, wenn einmal der letzte Physiker von ihr verschwunden sein wird».[13] In seiner «Wissenschaftlichen Selbstbiographie» – die Beschränkung auf das Wissenschaftliche war charakteristisch für seine Bescheidenheit und ist bedauernswert für meinen Vortrag – schrieb er, «daß das Suchen nach dem Absoluten mir als die schönste wissenschaftliche Aufgabe erscheint».[14] Dieses Suchen nach dem Absoluten – oder wie Einstein über Planck sagte, «Die Sehnsucht nach dem Schauen jener prästabilierten Harmonie ist die Quelle der unerschöpflichen Ausdauer und Geduld, mit der wir Planck den allgemeinsten Problemen unserer Wissenschaft sich hingeben sehen ...»[15] – dieses Suchen, ermöglicht durch die Annahme der Gesetzmäßigkeit der Natur, bleibt die Aufgabe der Wissenschaft. Das menschliche Wissen um die Gesetzmäßigkeit wird sich vertiefen, aber die Aufgabe bleibt eine unendliche. Hier kam mir eine Stanza aus Rilkes Stunden-Buch in den Sinn, geschrieben um die Jahrhundertwende:

> Ich glaube an Alles noch nie Gesagte.
> Ich will meine frommsten Gefühle befrein.
> Was noch keiner zu wollen wagte,
> Wird mir einmal unwillkürlich sein.[16]

Das Suchen nach dem Absoluten war dem Religiösen verwandt; Planck war tief religiös, wenn auch kirchlich ungebunden. In seinem Weltbild waren Gesetzmäßigkeit der Natur und menschliche Willensfreiheit gleich bedeutend, der Mensch also auch in der verwissenschaftlichten Welt nicht entbunden von seiner Verantwortung. «Wissenschaft und Religion ... sie benötigen einander ... Wahrhaftigkeit in den unablässigen Vorwärtsdrängen zu immer genauerer Erkenntnis der uns umgebenden Natur- und Geisteswelt, Ehrfurcht bei dem sinnend verweilenden Blick auf das ewig Unergründliche, das göttliche Geheimnis in der eigenen Brust.»[17]

Noch in den letzten Monaten seines Lebens – nach der Katastrophe – hielt er Vorträge über «Religion und Naturwissenschaft». Sein Glaube wuchs im Schatten des Schreckens. Seine Sprachkunst ließ nicht nach; ihn zu lesen ist ein Genuß: der Stil des Denkens und des Ausdrucks, die Nüchternheit der gezügelten Leidenschaft bezeugen klassisches Erbe. Man spürt das klassische Vorbild des «Geistes der Goethezeit». Seine Ideen mögen in einem neuen Zeitalter, dem der Biologie zum Beispiel, an Relevanz verloren haben. Seine Sprache allerdings könnte als Vorbild für Wissenschaft aller Fächer dienen.

Plancks Wissenschaftsethos bestimmte auch seine Haltung Anderen gegenüber. Für ihn waren Geist und Anstand entscheidend. In der Beurteilung von Menschen wären ihm rassische oder konfessionelle Kriterien nicht in den Sinn gekommen. Wenn auch skeptisch gegenüber Frauenstudium eingestellt, ernannte er Lise Meitner dennoch 1913 zu seiner Assistentin, eine Anerkennung ihrer schöpferischen Fähigkeit.

Selbstverständlich waren für ihn auch der ständige Umgang mit ausländischen Kollegen und die Mitgliedschaft in ausländischen Akademien. Auch die Vereinigten Staaten gehörten zu dieser Welt. Planck hielt Vorträge an der Columbia University 1909, um «Propaganda für das Relativitätsprinzip»[18] zu machen. Kurz vor ihm war Paul Ehrlich in Columbia, wie überhaupt viele andere Forscher das andere, dynamisch aufsteigende Land besuchten. Junge Amerikaner strömten nach Deutschland, und Harnack hatte wahrscheinlich recht, als er kurz vor dem Ersten Weltkrieg sagte: «Amerika ist unter den Kulturländern für uns das räumlich entfernteste, geistig aber das nächste und verwandteste.»[19] Wird sich diese Ansicht am Ende des Jahrhunderts als ebenso zutreffend erweisen wie am Anfang?

Planck konnte die ersten Jahrzehnte seines Lebens in der Annahme historisch-politischer Kontinuität gestalten. Die meist unausgesprochenen Selbstverständlichkeiten wurden nicht von der Wirklichkeit bedroht. Widerwilliger Revolutionär in der Wissenschaft, war er staats- und königstreu als Bürger, konservativ in seiner Gesinnung. Ich glaube kaum, daß Planck sich um Politik gekümmert hat; er mag sich als unpolitisch und überparteilich empfunden haben wie so viele Professoren der damaligen Zeit. Daß unpolitische Haltung politisches Gewicht hat – das hat man damals übersehen. Das Wort von Gustav Radbruch, dem großen Juristen der Weimarer Zeit, daß «Überparteilichkeit» die «Lebenslüge» des Obrigkeitsstaats war[20] – das hätte Planck vielleicht nicht verstanden. Sein Anliegen war die Wissenschaft, mit dem Staat in gegenseitiger Bereicherung und in steter Spannung verbunden.

Erschüttert wurde diese heile, für Planck verständliche Welt durch den Ausbruch des Weltkriegs. Vaterlandsliebe bewirkte zuerst politische Gewißheit, dann aber kamen Sorgen und Zweifel und neue Verpflichtungen. Jetzt wurde auch er in die Politik gezwungen; sein Name drang in die Öffentlichkeit, und auch im Stillen, in vielen Gremien, waren politische Auseinandersetzungen unvermeidlich.

Ein Zufall zwang Planck zum sofortigen Bekenntnis. Am 3. August 1914 war er Festredner bei der traditionellen Stiftungsfeier der Universität und begann einen wissenschaftlichen Vortrag mit dem Überwältigenden in der Politik: «Wir wissen nicht, was der nächste Morgen bringen wird; wir ahnen nur, daß unserem Volke in kurzer Frist etwas Großes, etwas Ungeheures bevorsteht, daß es um Gut und Blut, um die Ehre und vielleicht um die Existenz des Vaterlandes gehen wird. Aber wir sehen und fühlen auch, wie sich bei dem furchtbaren Ernst der Lage alles, was die Nation an physischen und sittlichen Kräften ihr eigen nennt, mit Blitzschnelle in eins zusammenballt und zu einer den Himmel lodernder Flamme heiligen Zornes sich entzündet ...»[21] Hier klang bereits der Geist von 1914 an, noch im Eifer der ersten Stunden entstanden, mit einem aus jener Zeit verständlichen Pathos; für Planck war das etwas unmittelbar Aufkommendes. Das Pathos blieb in seinen öffentlichen Ansprachen während des Krieges, die Zweifel und die Trauer blieben meistens verborgen.

August 1914, dieses Aufbrausen des Gefühls erhabener Gemeinsamkeit und erneuter Opferbereitschaft, war Auftakt zum Drama der Politik. Gerade Akademiker, gerade die Oberschichten, die sich als un- oder apolitisch empfunden hatten, fühlten sich zum politischen Bekenntnis berufen, viele von ihnen sind einem wilden Chauvinismus verfallen, wie auch Intellektuelle im Ausland, und es gab gewichtige Stimmen der Unvernunft. Jetzt war es klar, daß Politik lebensbestimmend war. Aber der Krieg mit seiner staatlich gesteuerten Meinungsbildung war kaum geeignet, politische Reife zu fördern.

Die großen Wissenschaftler, die noch vor Tagen und Wochen im Ausland gefeiert wurden, hörten die harten Anklagen von außerhalb des Landes – und entschlossen sich zur Gegenwehr. So entstand jenes Manifest der 93, das jegliche Schuld Deutschlands am Ausbruch des Krieges bestritt, das den Bruch belgischer Neutralität verteidigte, Greueltaten deutscher Truppen als Lügen verwarf und die Identität von deutschem Militarismus und deutscher Kultur beschwor. Das Manifest wurde von Planck und Harnack, von Haber und Paul Ehrlich und von anderen führenden Persönlichkeiten unterschrieben – und hatte eine verheerende Wirkung im Ausland. Jahrelang war das Manifest eine Art moralisches Faustpfand in feindlichen Händen.[22]

Planck erlebte die grausame Wucht des Krieges – und langsam entwickelte sich so etwas wie eine Kluft zwischen seinem öffentlichen und seinem privaten Leben. Seine Ansprachen behielten den scharfen Ton, aber sein eigentliches Anliegen bestand darin, den Haß auf allen Seiten zu besänftigen. So blieb er in enger Verbindung mit Hendrik Lorentz in Leiden, einem der großen Physiker des alten Europas, und versuchte das Manifest der 93, das er und Harnack erst nach der Veröffentlichung gelesen hatten, zu erklären und abzuschwächen. Innerhalb der Akademie konnte er den Abbruch internationaler Beziehungen verhindern.

Streit gab es trotz Burgfriedens – vier Jahre haben das Land politisiert und radikalisiert. Erster Anstoß zum Konflikt war die Frage nach den Kriegszielen: Wie sollte das Morden enden? Im Juli 1915 kam es zu einer Petition des alldeutschen Annektionismus mit beinahe 1400 Unterschriften, darunter viele Akademiker. Hans Delbrück lancierte eine Gegenaktion, ein Plädoyer für einen Verständigungsfrieden. Unter den 141 Signatoren waren Planck, Harnack, Troeltsch und Meinecke. Während des Krieges gehörte Planck zu den «Gemäßigten», zu den wirklichen Patrioten, die einen Vernunftfrieden nach einem deutschen Sieg erhofften.

Planck selbst erlitt unsagbare Schicksalsschläge: sein Sohn Karl, in der Vorkriegszeit durch Unentschlossenheit dem Vater etwas entfremdet, starb an den Wunden, die er vor Verdun erhalten hat; der jüngste Sohn Erwin geriet in franszösische Kriegsgefangenschaft. Der Tod der heiß geliebten Zwillingstöchter, die beide im Wochenbett 1917 und 1919 starben, war unfaßbare Tragik.

Als 60jähriger erlebte Planck Niederlage und Revolution, für ihn war es das Zerbrechen des politisch Selbstverständlichen. Ende Oktober 1918 schrieb er an Einstein von seinen Gefühlen der «Pietät [der Krone gegenüber] und unverbrüchliche Zusammengehörigkeit gegenüber dem Staat, dem ich angehöre, auf den ich stolz bin gerade auch im Unglück».[23] Stolz sicher in Zeiten des Aufstieges, aber Liebe zum Vaterland in Zeiten des Unglücks – das sind, glaube ich, für viele von uns bekannte Gefühle. Wenige Tage nach der Revolution, als die Preußische Akademie von innen und außen bedroht war, beschwor Planck seine Kollegen, die Arbeit fortzusetzen: «Wenn die Feinde unserem Vaterland Wehr und Macht genommen haben, wenn im Innern schwere Krisen hereingebrochen sind und vielleicht noch schwerere bevorstehen ...», dann muß die Stellung der deutschen Wissenschaft verteidigt werden, und dazu ist die Akademie «in erster Reihe berufen».[24] Sicher war die deutsche Wissenschaft gerade in jener «trostlosen Zeit», wie Planck sie privat bezeichnete, lebenswichtig, aber sie war es auch für Planck selbst. Sie zu verteidigen, sich für sie einzusetzen, das wurde zum Ziel seiner ganzen Kraft. Das wissenschaftliche Leben war ja auch das persönlich Verbindende. Im Unglück wuchs Planck zu seiner eigentlichen Größe, zum ersten Diener der deutschen Wissenschaft.

Was mag die Weimarer Republik ihm bedeutet haben? Er war überzeugter Monarchist, sein elitäres Denken war schwer mit dem Wirrwarr einer Demokratie zu vereinigen. Die November-Revolution, die ja eigentlich keine war, ließ die materiellen Verhältnisse intakt – aber alle, die der alten Welt angehörten, fühlten sich geistig und kulturell bedroht, ja enteignet. Das neue Regime war wissenschaftsfreundlich – aber die neue Kultur? Eine Welt, in der ein George Grosz mit seinen verzerrten Zeichnungen gefeiert werden konnte – das war nicht mehr Plancks Welt, und die Republik war es auch nicht.

Planck gehörte nicht zu den «Vernunftrepublikanern», wie viele seiner Freunde es waren. Er machte wohl einen Unterschied zwischen Republik und dem Staat an sich. Er befand sich zwischen vielen Fronten und hoffte, wie er Sommerfeld im Dezember 1919 schrieb, «die ‹Unsinnigkeit› des Weltgeschehens … durch eine ‹Unverständlichkeit› zu ersetzen».[25] Die Anspielung galt wohl Theodor Lessings gerade erschienenem Buch «Geschichte als Sinngebung des Sinnlosen»,[26] aber so unverständlich war die Welt nun auch nicht. Hier fehlte der Wille zum Überdenken, den Delbrück und Troeltsch und viele andere aufbrachten; das Einsehen, daß die alte Wilhelminische Ordnung in ihrer politischen Unvernunft ein Verhängnis war, daß die deutsche Führung am Ausbruch des Krieges eine gewisse, an der Niederlage eine große Schuld auf sich geladen hatte – die jetzt auf die unglücklichen Erben des alten Regimes abgewälzt wurde: Politische Einsicht oder Wahrhaftigkeit verlangten Selbstüberwindung.

Und doch: Planck war eine unersetzliche Stütze für sein Land. Seine Haltung wurde weltweit anerkannt, und es war zum großen Teil sein Verdienst, daß Berlin das goldene Zentrum der Naturwissenschaften blieb. Er war es, der Einstein in Berlin hielt, und von ihm erhielt er eine offene Postkarte aus Leiden vom 22. Oktober 1919. Lorentz, schrieb Einstein, «gedenkt Ihrer bei jeder Gelegenheit und betont immer wieder, wie bereitwillig Sie seinen Wünschen in bezug auf belgische Bürger während des Krieges entsprochen hatten». Und dann – die schlichte welthistorische Mitteilung, daß am Abend vorher im Kolloquium Eddingtons Brief vorgelesen wurde «nach welchem die genaue Vermessung der Platten exakt den theoretischen Wert für die Lichtablenkung ergeben hat. Es ist doch eine Gnade des Schicksals, daß ich dies habe erleben dürfen.»[27] Es war eine Gnade, die Planck sicherlich erfreute – denn damit war der Beweis für die Relativitätstheorie gelungen und Plancks freundschaftliche Förderung von Einstein bestätigt. Mehr noch: jetzt wurde Einstein zu einem Nationalwert und wohl der geeignetste Mann, um deutsche Wissenschaft im feindlichen Ausland wieder langsam akzeptierbar zu machen.

Als Haber und Schmitt-Ott 1920 die Notgemeinschaft deutscher Wissenschaft gründen wollten, um von Staat und Industrie Hilfe zu erhalten – wandten sie sich an Harnack und Planck. Planck wurde eine Schlüsselfigur, von der man Rat und überlegte Meinungen erwartete. Anerkennung und immer größere Belastung – denkt man allein an die weltweite Korrespondenz, die er in seiner zierlich genauen Handschrift führte.

Die ersten Nachkriegsjahre waren besonders hart. In seiner Gedächtnisrede für Heinrich Rubens klangen seine eigenen Gefühle durch: «Kein Zweifel, daß er [d.h. Rubens] unter den ständigen seelischen Aufregungen und Enttäuschungen, besonders nach dem Abschluß des sogenannten Friedens, namenslos litt ...» Und auch lobend eingehend auf Rubens' aktive Mitarbeit bei der Feier zum 250jährigen Bestehen der Royal Society im Jahr 1912 fügte er hinzu: «Wie ein schönes, längst versunkenes Traumbild liegt heute diese Zeit des vertrauensvollen internationalen Gemeinschaftslebens hinter uns.»[28]

Aber es gab auch keinen Frieden innerhalb Deutschlands oder innerhalb der Wissenschaft. Die leider üblichen Rivalitäten und Intrigen unter Akademikern wurden noch verkrampft durch politische Kämpfe. Planck mußte 1920 die wilde antisemitische Hetze gegen Einstein mitansehen – und gegen sie öffentlich protestieren. Einstein mußte – nach persönlichen Warnungen – seine geplante Rede bei der Jahrhundertfeier der Gesellschaft Deutscher Naturforscher und Ärzte im Jahr 1922 absagen, und Planck schrieb an Laue: «Also so weit haben es die Lumpen wirklich gebracht, daß sie eine Veranstaltung der deutschen Wissenschaft von historischer Bedeutung zu durchkreuzen vermögen ... [Eine] Mörderbande, die im dunkeln ihre Tätigkeit unbekümmert fortsetzt.»[29] Der Ausdruck «Mörderbande» bezog sich auf den Mord an Rathenau im Juni. Planck meinte allerdings, daß Laues Einspringen für Einstein auch «seine Vorzüge hat. Namentlich wird dadurch zur Evidenz gebracht, daß die Relativitätstheorie nicht nur von Juden betrieben wird, und es wird denjenigen der Wind aus den Segeln genommen, die da immer meinen, das ganze Relativitätsprinzip sei nichts anderes als eine künstliche, persönliche Reklame für Herrn Einstein.»[30] Ein Jahr später wurde Einstein erneut gewarnt, daß sein Leben in unmittelbarer Gefahr stünde. Er fuhr nach Leiden, und Planck fürchtete seinen Weggang: «Ich bin ganz außer mir vor Zorn und Wut über diese infamen Dunkelmänner, welche es wagten und fertiggebracht haben, Sie von Ihrem Hause, von der Stätte Ihrer Wirksamkeit zu trennen ...»[31] Einstein kehrte zurück.

Die Stätte, von der Planck sprach, war vielseitig bedroht, im politischen und materiellen Bereich. Aber das geistige Klima war auch vergiftet, und ein neuer, weit um sich greifender Irrationalismus beunruhigte viele Menschen. 1922 kam es zu wichtigen Warnungen. Harnack erklärte: «Über unser Vaterland, ja über die europäische Kulturwelt geht zur Zeit wieder einmal eine romantische Welle... Statt ‹Wissenschaft› will man ‹Leben›, statt der ‹Ratio› die ‹Intuition›, und ein Weltbild voll geheimnisvoller Kräfte und seelenstärkender Elemente soll den Geist für den angeblichen Zusammenbruch aller rationalen Erkenntnis entschädigen.»[32] Thomas Mann, der der deutsch-romantischen Versuchung im Krieg erlegen war, warnte jetzt vor diesem anti-westlichen Affekt und bekannte sich zur neuen Republik. Planck war besorgt wegen der falschen Propheten eines unwissenschaftlichen Denkens und ihrer «buntschillernden Schaumblasen».[33]

Irrationalismus und Ressentiments dämpften Plancks Hoffnung auf erneute Verbindungen zwischen deutschen und alliierten Wissenschaftlern. Es ging darum, den alliierten Boykott zu beenden, viele deutsche Wissenschaftler wiederum sträubten sich gegen jegliches Entgegenkommen. Ein geistiger Waffenstillstand ließ lange auf sich warten. Erst langsam gab es eine Wiederherstellung der für Planck selbstverständlichen internationalen Zusammenarbeit.

Plancks Verpflichtungen wurden ständig größer. Als Harnack 1930 starb, wurde Planck sein Nachfolger als Kanzler des Ordens Pour le mérite und als Präsident der Kaiser-Wilhelm-Gesellschaft. Es war ein symbolischer Wechsel von einem Theologen zu einem Naturwissenschaftler, beide allerdings mit philosophischer Prägung. Planck war nur sieben Jahre jünger als Harnack, aber sehr viel weniger vom wilhelminischen Nimbus umgeben – Harnack wiederum stand der Republik sehr viel näher als Planck. Aber auch Planck besaß, wie Rudolf Vierhaus über Harnack bemerkte, «die Integrität und Souveränität seiner Persönlichkeit».[34]

Planck übernahm auch die neuen Ämter aus Pflichtgefühl; er hatte die enorme Arbeitskraft, alle Anforderungen zu bewältigen. Er blieb weiter das Haupt der Berliner Physik, er war es, der Erwin Schrödinger als seinen Nachfolger nach Berlin holte. Sein Erfolg beruhte auf seinem Charakter und seiner menschlichen Weisheit. Lise Meitners Urteil aus dem Jahr 1958 hat Allgemeingültigkeit: «In den 40 Jahren, die ich Planck gekannt habe und in denen er mir allmählich sein Vertrauen und seine Freundschaft geschenkt hat, habe ich immer mit Bewunderung festgestellt, daß er nie etwas getan oder nicht getan hat, weil es ihm nützlich oder schädlich hätte sein können.»[35] Meitner empfand seine selbstverständliche Selbstlosigkeit, die ihm eine ganz seltene moralische Autorität verlieh. Er war ein Geschenk für die deutsche Wissenschaft – der die größte Herausforderung noch bevorstand.

Der nächste Schlag der Geschichte war der verheerendste: Hindenburgs Machtübertragung an Hitler als Reichskanzler. Der Ausdruck «Machtübertragung» ist bewußt gewählt. Eine konservative Clique glaubte Hitler bändigen zu können. «Machtübertragung» allerdings führte blitzschnell zur «Machtergreifung», wie die Nationalsozialisten es von vornherein beabsichtigt hatten. Für Millionen Deutsche war Hitler der ersehnte Erlöser, der Retter aus Schmach und Erniedrigung. Unter den Eliten gab es viele, die an Papens Wahn geglaubt haben: Hitler, Führer der größten Partei, sei jetzt Gefangener im konservativen Lager. Das waren Illusionen, die tief verwurzelt waren im Boden des deutschen Nationalismus, begünstigt durch Wirtschaftskrise, Arbeitslosigkeit und blutige Ungewißheit.

Am Anfang war Hitlers Sieg Herausforderung und Versuchung. Hier wurde der August 1914 noch einmal und mit ungeheurem Geschick inszeniert: Feier der nationalen Einigung und Erhebung, wobei der Feind diesmal der innere, nicht der äußere war. Wieder wurde Politik öffentliches Drama, das Menschen mitreißen konnte, so daß sie ihre bürgerliche Ohnmacht und Entrechtung nicht bemerkten. Mehr noch: der Schein der Legitimität deckte die sogenannte nationale Revolution. Sicher: Auschwitz war noch undenkbar, aber der Mord in Potempa war geschehen, und die Keller der SA und das Konzentrationslager Dachau bezeugten Unmenschlichkeit. Aber auch da bestand die Hoffnung, die Illusion, daß diese Schrecken nur vorübergehende, ja verständliche Ausnahmen wären. Ein früherer Senator der Max-Planck-Gesellschaft, Adolf Grimme, ehemaliger preußischer Kultusminister und

drei Jahre Häftling im nationalsozialistischen Zuchthaus, schrieb einmal über das Jahr 1933: «... man wurde Opfer der eigenen Anständigkeit ...»[36] Man konnte,
man wollte sich die brutale Unanständigkeit des
Machthabers nicht vorstellen. Wer aber jene Zeit des
nationalen Wahns und Terrors nicht miterlebt hat, sollte mit seinem Urteil zurückhaltend – und sich des historischen Kontexts bewußt sein.

Im Frühjahr 1933 befand sich Planck in Sizilien, in
dem von vielen Ausländern bewunderten, faschistischen Land. Ich kenne keine Aussage über seine ersten
Reaktionen: wahrscheinlich überrascht, erschreckt und
doch beeindruckt. Hitler verkündete die Wiederherstellung nationaler Macht und einer neuen Volksgemeinschaft, ein scheinbar nationalkonservatives Programm. Mußte das nicht auf Resonanz stoßen, sollte
der Schein der Legitimität nicht beruhigen? Weimar,
eine ungeliebte Wirklichkeit, war ja schließlich gescheitert. Planck hätte sich selbst verleugnet, wenn er
an seinem Glauben an den Staat gezweifelt hätte; der
Staat als Verbrecher war für ihn ein undenkbares Unding.

Das mögen Gedanken in der Ferne gewesen sein.
Innerhalb Wochen wurde er konfrontiert mit den Folgen des Nationalsozialismus, und zwar am Schicksal
von Menschen, die ihm besonders nahestanden. Albert
Einstein war im Januar 1933 in Kalifornien. Er sah in
dem neuen Regime den Triumph des brutalen
Deutschtums, und er rief zu einem weltweiten Protest
gegen Hitler auf und weigerte sich, in ein Land der
Intoleranz und Verfolgung zurückzukehren. Der
Preußischen Akademie teilte er seinen Rücktritt mit,
noch ehe Planck ihn darum gebeten hatte. Es kam zu

einem traurigen Nachspiel in der Akademie, und Planck warnte sie, daß ein Ausschlußverfahren gegen Einstein, wie es die Regierung wollte, «mich in die schwersten Gewissenskonflikte bringen würde.»[37] Die Akademie vertagte eine Entscheidung, aber Gewissenskonflikte blieben Planck nicht erspart; Gewissenskonflikte waren die Mindestforderung des Nationalsozialismus an den menschlichen Anstand.

Im April 1933 verfügte das Gesetz zur «Wiederherstellung des Berufsbeamtentums» – welch zynischer Euphemismus – die Entlassung jüdischer und politisch «unzuverlässiger» Beamter mit Ausnahme ehemaliger Kriegsteilnehmer. Fritz Haber, glühender Patriot und Direktor des Kaiser-Wilhelm-Instituts für physikalische Chemie und Elektrochemie, hätte im Amt bleiben können, seine jüdischen Mitarbeiter aber entlassen müssen. Verzweifelt entschied er sich für den Rücktritt – wie James Franck und andere auch diesen ehrenvollen Weg wählten. Planck – einer der ganz wenigen Kollegen, die sich um Haber kümmerten – schrieb ihm im August 1933, daß er sich seine Empfindungen nicht vorstellen könnte. «Denn beim bloßen Versuch dazu krampft sich mir das Herz zusammen. Das einzige, was mir in diesem Gefühl der tiefen Niedergeschlagenheit einige Erleichterung schafft, ist der Gedanke, daß wir in einer Katastrophenzeit leben, wie jede Revolution sie mit sich bringt und daß wir vieles, was geschieht, wie ein Naturereignis hinnehmen müssen, ohne uns den Kopf zu zerbrechen, ob es nicht auch anders sein könnte.»[38] Es war aber kein Naturereignis; es war unter anderem das Ergebnis des erbärmlichen Versagens der deutschen Eliten.

Genau um diese Zeit versuchte Otto Hahn Planck

für einen Protest gegen die Entlassung jüdischer Kollegen zu gewinnen, die Unterstützung einiger Kollegen hatte er bereits. Plancks Anwort: «Wenn heute 30 Professoren aufstehen ..., dann kommen morgen 150 Personen, die sich mit Hitler solidarisch erklären, weil sie die Stellen haben wollen.»[39] Vielleicht war das ein einmaliges, nobles Verrechnen von Planck: die Zahl der Gegner wäre wahrscheinlich noch größer gewesen. Es gab Einzelne, die öffentlich protestierten; aber im Reich war das allgemeine Schweigen unüberhörbar. Und doch: der Hahnsche Vorschlag hätte einen großen moralischen und vielleicht einen praktischen Wert gehabt. Im Frühjahr 1933 war das Regime noch einschüchterbar.

Planck wollte retten, was zu retten war; bestürzt über den Weggang seines Nachfolgers Erwin Schrödinger, versuchte er anderen Kollegen die Notwendigkeit des Verharrens klarzumachen. «Weiterarbeiten» war das Motto – und Kontinuität im guten wie im bösen Sinne war das Kennzeichen der deutschen Wissenschaft im Dritten Reich. Planck tat im Großen, was einige im Kleinen taten: notwendige Anpassung im öffentlichen Leben, unerschütterlicher Anstand im Privaten. Man muß Alter und Tradition bedenken: mit 75 Jahren ist man vielleicht eher ein Pétainist, ein Vaterlandsretter alten Stils, als ein Gaullist, ein Vaterlandsretter revolutionären Stils. Planck war der deutschen Wissenschaft verpflichtet, er war an Staatsautorität lebenslang gewöhnt. Sicher ist ihm das Heil-Hitler nicht leicht über die Lippen gekommen und das Erheben des Arms nicht leicht gefallen. Aber er glaubte wohl, daß, was er als Naturereignis bezeichnete, aber was man auch die Gewalt der Geschichte bezeichnen kann, ihm diesen Zoll abverlangte. Diese Gefühle führten Planck, Präsident der Kaiser-Wilhelm-Gesellschaft, zu seinem Besuch bei Hitler, wobei zu bemerken ist, daß sein Bericht über diesen Besuch in jüngster Zeit neu beurteilt worden ist.[40] Planck wollte Haber und «wertvolle» Juden schützen, aber er mußte sich mit Hoffnung auf Großzügigkeit gegenüber der Kaiser-Wilhelm-Gesellschaft in anderen Bereichen begnügen.

Nur einmal kam es zum öffentlichen Ausdruck privaten Anstands. Auf Laues Drängen entschloß Planck sich zu einer Gedächtnisfeier für Fritz Haber, ein Jahr nach dessen Tod im Exil im Januar 1934. Regierung und Partei wollten diese Feier verhindern, und Mitgliedern öffentlicher Anstalten wurde die Teilnahme verboten. Planck hoffte, den Reichsminister Rust umzustimmen und erinnerte ihn daran, daß die Kaiser-Wilhelm-Gesellschaft häufig genug «ihre[r] positive[n] Einstellung zum heutigen Staat und ihr[em] Treuebekenntnis zum Führer und seiner Regierung ... durch Wort und Tat Zeugnis abgelegt» habe.[41] Mit «Heil Hitler» unterschrieben, bewirkte der Brief eine belanglose Konzession. Planck aber war unbeugsam, und die Gedächtnisfeier fand im Harnack-Haus in aller Würde statt. Otto Hahn sprach und las auch die Rede von Habers treuem Schüler Karl Friedrich Bonhoeffer vor, dem die Anwesenheit verboten war. Am Ende der ergreifenden Feier erklärte Planck: «Haber hat uns die Treue gehalten, wir werden ihm die Treue halten.»[42] In dieser Katastrophenzeit verlangte es Mut, eine solche Feier gegen den Willen des Regimes durchzuführen. Fritz Haber war mein Patenonkel und väterlicher Freund meiner Eltern, und ich bin hier, um 62 Jahre später meinen Dank auszusprechen.

In den ersten Jahren des Regimes versuchte Planck die Interessen reiner Wissenschaft zu verteidigen; daher war er auf Verhandlungen mit der Regierung angewiesen. Manchmal war er erfolgreich als «Schutzwall», oft waren die Partei-Ideologen siegreich. So mußte sein Name auch Fehlentscheidungen und Unrecht decken – das war das Schicksal Bethmann Hollwegs im Ersten Weltkrieg, das war das Schicksal vieler Deutscher, die verantwortungsvolle Stellen in totalitären Staaten einnahmen. Der Weg der widerstrebenden Anpassung ist schwer – und nicht pauschal zu beurteilen.

Planck hat seine Pflicht getan, so wie er sie empfunden hat. Er hat sicher vieles am neuen Regime verachtet, er wird einige Erfolge anerkannt haben. In seinen weltanschaulichen Vorträgen gab es oft indirekte Kritik. Er glaubte weiter an Wahrhaftigkeit – auch im Reich der Lüge. Im August 1934 weigerten sich Laue und Planck, einen Aufruf deutscher Nobelpreisträger zur Unterstützung des Volksentscheids zu unterzeichnen, der Hitler als Führer und Reichspräsident bestätigen sollte. Plancks Tätigkeit wurde beschränkt: der Orden Pour le mérite wurde de facto stillgelegt, die Präsidentschaft der Kaiser-Wilhelm-Gesellschaft wurde ihm abgenommen. Planck merkte, daß die Relativitätstheorie wieder erwähnt werden durfte, aber den Namen Einstein hat er nicht benutzt. (Laue schrieb Einstein, daß er die Relativitätstheorie im Seminar lehrte, aber stets hinzufügte, daß sie ursprünglich auf hebräisch geschrieben wurde.)[43] Planck wurde als «weißer Jude» angegriffen, aber er mußte an offiziellen Feiern teilnehmen, von Flaggen und Uniformen umringt, und bekam vom Führer einen Glückwunsch zum 80. Geburtstag.

Planck hat das Unrecht, daß man einzelnen Juden zufügte, verurteilt; er hat versucht zu helfen, wo er konnte. Äußerungen über die allgemeine Verfolgung von Juden sind mir unbekannt, wie auch seine Reaktionen auf die Nürnberger Gesetze und die Greuel vom 9. November 1938, auf all das, was Ernst Wolfgang Böckenförde kürzlich als deutschen Bürgerverrat an den deutschen Juden bezeichnet hat.[44] Aber wir wissen, daß während des Dritten Reichs Kritik am Rassenwahn gefährlich war. Als 1944 Plancks Haus im Grunewald von Bomben zerstört wurde, ging auch seine Korrespondenz verloren.

Im Archiv fand ich einen Brief an Sommerfeld vom November 1940 – als viele Deutsche noch vom Sieg im Westen tief beeindruckt waren. Die Zeiten, so Planck, sind für uns «von traurigem Ernst. Wenigstens ich sehe in dem, was heute vorgeht, im Grunde nur eine sinnlose Selbstzerfleischung der arisch-germanischen Rasse. Wohin das schließlich führen soll, wissen die Götter».[45] Das ist eine seltsame Mischung von regime-feindlichem Defätismus in regime-naher, beklemmender Sprache. Im Juni 1943 traf Planck Lise Meitner in Stockholm und sagte ihr wörtlich «uns müssen schreckliche Dinge geschehen, wir haben schreckliche Dinge getan».[46] Viele Jahre später hat Laue, der sich von Kompromissen ferngehalten hat und auch fernhalten konnte, an Lise Meitner geschrieben: «Wir haben alle gewußt, daß Unrecht geschah, *aber wir wollten es nicht sehen,* wir betrogen uns selbst und brauchen uns auch nicht zu wundern, daß wir dafür zahlen müssen.»[47] Für mich ist dieses «Wir wollten es nicht sehen» die Signatur unseres kurzen Jahrhunderts.

Planck wußte um den «traurigen Ernst», und die

«schrecklichen Dinge», von denen er 1943 sprach, sie trafen ihn früh und erbarmungslos. Sein Sohn Erwin, nach der Machtübergabe als Staatssekretär der Reichskanzlei zurückgetreten, half den Männern der Mittwochsgesellschaft im Jahr 1940 mit Plänen für den Aufbau eines neuen Rechtsstaates – Vorbedingung war die Beseitigung Hitlers. Erwin war mit den jungen Harnacks und Delbrücks befreundet – und deren Gesinnung war wohl auch die seine; in die Pläne für das Attentat war er wahrscheinlich nicht eingeweiht. Bei den innigen Beziehungen zwischen Vater und Sohn muß man an eine Übereinstimmung in der Grundhaltung glauben; der Abscheu muß tief gewesen sein, die Furcht vor der Sühne, die dem Land auferlegt werden wird, wuchs mit den Verbrechen. Ich kenne keinen Hinweis, daß die frühen Siege der Wehrmacht Vater oder Sohn bestechen konnten. Am 23. Juli 1944 wurde Erwin Planck verhaftet, im Oktober wurde er aufgrund seiner Freundschaften von Freislers Volksgerichtshof zum Tode verurteilt. Planck bemühte sich verzweifelt, Erwins Leben zu retten, und glaubte, verschiedene Verbindungen zu Himmler würden es ermöglichen, die Todesstrafe in eine Freiheitsstrafe zu verwandeln. Er wurde ermutigt in seiner Hoffnung auf Begnadigung. Umso grausamer die indirekte Nachricht von der Hinrichtung des Sohnes am 23. Januar 1945, die er Sommerfeld mit den Worten mitteilte, «ich [bin] damit meines nächsten und besten Freundes beraubt. Mein Schmerz ist nicht mit Worten auszudrükken.»[48] Der Schmerz war unheilbar. Planck hat zwei Söhne im deutschen Rausch verloren.

In der Geschichte Europas war Max Planck eine deutsche Erscheinung, in seiner menschlichen Größe, in seiner Leistung, in seinen Opfern, in den Momenten politischer Ungewißheit. Er war ein deutscher Patriot, überzeugt von der segensreichen Notwendigkeit internationaler Zusammenarbeit. Er war auch der einzige Deutsche, den die Royal Society 1946 zur 300-Jahresfeier von Newtons Geburtstag eingeladen hat. Er hat die Wiedergeburt der Kaiser-Wilhelm-Gesellschaft unter seinem Namen ermöglicht, und sein Name ist heute ein weltweiter Begriff für wissenschaftliche Integrität und Forschungsförderung. Die Erinnerung an den Menschen mag verblaßt sein. Wir sind die Überlebenden, die letzte Generation, die noch persönliche Erinnerung an seine Zeit hat. Verblaßt ist vielleicht auch das Bewußtsein, daß menschliche Größe, Anstand, Treue und Wahrhaftigkeit von historischer Gewalt bedroht und zerstört werden können. Wenn wir uns heute der Größe und Tragik Max Plancks erinnern, sollten wir auch seines Sohnes gedenken. Die Erinnerung an beide ist Vermächtnis und mahnendes Erbe.

# Tod in Weimar

Der Tod lastete auf der Weimarer Republik[1] – die Erinnerung an ihn, seine Hinterlassenschaft, seine Realität, seine Verklärung. Waren die Gefallenen germanische Helden oder unschuldige Opfer imperialistischer Herrscher? Sie starben auf dem Schlachtfeld, und das Gedenken an sie blieb ein Schlachtfeld. Die Verklärung der Kriegstoten – mit dem Segen der Kirchen – hallte wider im Weimar der Nachkriegszeit, im Kult des Märtyrertums derjenigen, die in politischen Kämpfen gefallen waren, und später vor allem in der ritualisierten Mystifizierung des Todes durch die Nationalsozialisten. Sie hallte auch wider in der Kunst und Literatur der Nachkriegszeit, die den Krieg bald als höchste Form des Heroismus, bald als häßliche Barbarei darstellten, als edles oder als unwürdiges Opfer. Im Leben Weimars hatte der Tod eine andere Präsenz als zuvor.

Anstatt aber die Deutschen in gemeinsamer Trauer miteinander zu verbinden, spalteten die Toten die Weimarer Zeit Deutschlands nur noch mehr. Wie anders war das in Großbritannien und Frankreich, wo die Toten durch nationale Denkmäler und durch das kollektive Gedächtnis geehrt wurden. Wie anders auch in der Sowjetunion, wo die gefallenen Helden des Bürgerkrieges und der Revolution gefeiert wurden, während man die Opfer des imperialistischen Krieges in Vergessenheit geraten ließ. Lenin sollte, einbalsamiert, ewig weiterleben. Thukydides hat geschrieben, die Men-

64

schen verabscheuten das erlittene Unrecht mehr als die Gewalt, weil sie das eine als Übergriff eines Gleichen empfänden, das andere als den von einem Stärkeren hinzunehmenden Zwang.² Je mehr die Deutschen die Realität ihrer Niederlage verdrängten, je weniger sie die Überlegenheit der Ententemächte wahrhaben wollten, je mehr sie sich auf die vermeintliche Ungerechtigkeit versteiften, desto tiefer konnten sie sich ins Ressentiment verlieren, in jenes giftigste aller Gefühle, dessen Geschichtsmächtigkeit Nietzsche als erster verstanden hat.

Die Wahrheit sei in jedem Krieg das erste Opfer, heißt es. Die Art und Weise jedoch, wie die deutsche Führung – und das hieß in zunehmendem Maß: die militärische Führung – die Bevölkerung hinsichtlich des Kriegsverlaufs, der deutschen Kriegsziele und der Menschen- und Materialverluste täuschte, war vermutlich historisch ohne Beispiel. Ein Volk, das sowieso schon von der übrigen Welt weitgehend isoliert war, wurde durch Zensur und Propaganda vollends in die Irre geführt, ein Volk, das durch Vorkriegs-Traditionen und Erziehung ohnehin auf Manipulierbarkeit eingestimmt war, bereit, nationalistischem und autoritärem Gehabe auf den Leim zu gehen. So konnte gegen Ende des Krieges der heimliche Diktator des Deutschen Reiches, General Erich Ludendorff, gestützt auf seine vorausgegangenen Täuschungen, die «Dolchstoßlegende» ausbeuten. Millionen glaubten daran, weil das große wagnerianische Motiv vom edlen Helden, der von Verräterhand stirbt, leichter in ihr Weltbild paßte als die Einsicht in die Niederlage. Der Krieg war also auch eine Übung in von oben verordneter Täuschung, einer Täuschung, deren Wirkung tief war: Für viele Deutsche war eine abweichende Interpretation dessen, was geschehen war, ein anderes Verständnis der Katastrophe schlicht undenkbar. In den anderen erregte diese Täuschung, war sie ihnen erst einmal bewußt geworden, natürlich Wut. (Es gibt eine Parallele dazu in «Tod in Venedig»: Die Stadt will den Ausbruch der Cholera verheimlichen, und Aschenbach – im Bann der Leidenschaft – will die Wahrheit nicht wissen.)

Der Versuch ist sinnvoll, die Weimarer Republik so aus einem anderen Blickwinkel zu betrachten, neue Zusammenhänge zwischen bekannten Tatsachen zu finden und auf diese Weise unser Verständnis der geistigen und psychologischen Atmosphäre jener Epoche zu verändern. Ein weiterer Aspekt des Weimarer Unheils verdient Beachtung: die Tatsache, daß vier der wichtigsten Stützen dieser Republik von einem unnatürlich frühen Tod ereilt wurden. Indem ich auf diese Todesfälle eingehe, möchte ich ausdrücklich dem Zufall einen Platz zuweisen, trotz der Kritik, die ein Historikerkollege neulich in der Zeitschrift «Past & Present» an der «Fetischisierung des Zufalls» übte (die er übrigens als eine «Tory-Unart» bezeichnete).[3] Ich bin der Meinung, daß der Zufall ein dem geschichtlichen Prozeß immanenter Faktor ist, auch wenn er sich zu verschiedenen Zeitpunkten unterschiedlich stark geltend macht. Ein lakonischer Satz in Péter Nádas' Buch «Der Lebensläufer» hat mir zu denken gegeben, «daß sich die Prosa als Magd des kausalen Denkens ausschließlich mit dem befaßt, was geschieht, obwohl doch all das, was nicht geschieht, in unserem Leben einen riesigen Platz einnimmt».[4]

Sigmund Freud hat in seinem 1915 erschienenen Essay «Zeitgemäßes über Krieg und Tod» untersucht,[5] welche psychischen und geistigen Wunden ein Krieg reißt. Der Krieg zersetze, so Freud, alle gängigen Wahrheiten und Gepflogenheiten. Der kriegführende Staat mache sich zum Beispiel, indem er systematisch lüge und betrüge, zum Urheber all jener Verbrechen, für die er sonst seine Bürger bestrafe. Des weiteren mache der Krieg Schluß mit der liebgewordenen Illusion vom Guten im Menschen, ebenso wie mit dem herkömmlichen Verhältnis der Menschen zum Tod, nämlich seiner stillschweigenden Leugnung. An der Realität des massenhaften Sterbens zerbreche die Leugnung. In dem Maß, wie die Menschen den Tod zur Kenntnis nähmen, intensiviere sich ihr Lebensgefühl, so wie sich Trauer, wie Freud zwei Jahre später schrieb, in Melancholie verwandeln könne.[6] Die Weimarer Politik mußte mit Erinnerungen fertig werden, die durch vorherige Verdrängung und Verzerrung deformiert waren; die Weimarer Kultur lebte bei all ihrer erstaunlichen Vitalität und bei allem Überschwang im Schatten des Todes. Während die einen alle Erscheinungsformen der Moderne in vollen Zügen genossen, rangen andere mit Melancholie und einem tiefsitzenden Gefühl des Verlusts. Der Krieg hatte eine alte Ordnung, alte Normen zunichte gemacht, und viele Menschen fanden die «entzauberte Welt» nur noch trostlos; sie sehnten sich nach einer Art Sprung in den Glauben. Schon 1922 warnten Max Planck und Thomas Mann, neben anderen, vor dem neuen überbordenden Obskurantismus, dem verächtlichen Beiseiteschieben von Rationalität, Geist und Naturwissenschaft. Man könnte von einem prä-postmodernen Zustand sprechen – und es war ein Zustand, der unmittelbare politische Folgen hatte.

Hier seien einige Tatsachen in Erinnerung gerufen. Die Weimarer Republik wurde geboren nach riesigen Menschenverlusten: Zwei Millionen deutsche Soldaten waren im Krieg gefallen, eine halbe Million Deutsche war Opfer der Grippewelle im Juni-Juli 1918 geworden. Kaum eine deutsche Familie, die nicht einen der Ihren verloren hatte: einen Sohn, Bruder, Ehemann oder Geliebten. Es gab 600 000 Kriegerwitwen und viele Tausende vaterloser Kinder. Die Trauer war allgegenwärtig, und eine Frage quälte die Menschen: «Warum?» Waren diese Männer für eine edle Sache gestorben? War ihr Tod umsonst gewesen? Andere Länder, die am Krieg teilgenommen hatten, waren mit ähnlichen schrecklichen Fragen konfrontiert, doch in Deutschland herrschte unter dem Vorzeichen der so umstrittenen Niederlage vielleicht doch eine andere Art von Trauer als in den Ländern der Sieger. Wie konnte man trauern, wenn die trostreichen Riten der Vergangenheit – das feierliche Begräbnis als Akt des endgültigen Abschieds – nicht zur Verfügung standen, wenn die nicht ungewöhnliche Reaktion des Nicht-glauben-Wollens verstärkt wurde durch ein physisches Vakuum: Man hatte keinen Leichnam, den man hätte bestatten können, ja man konnte sich sogar einreden, der für gefallen erklärte Soldat lebe vielleicht noch irgendwo in einem fremden Land. Wie sollte man persönliche Trauerarbeit leisten unter den Ausnahmebedingungen des Kampfes ums Überleben in einer Welt, in der es an so vielem Lebensnotwendigen mangelte? Selbst für die Familien, denen die Nachricht vom Tod eines der Ihren erspart blieb, muß die Allgegenwart der Angst und der Vorahnung eine schwere psychische Belastung gewesen sein.

Nach dem Zweiten Weltkrieg veröffentlichten die Psychoanalytiker Alexander und Margarete Mitscherlich ein Buch über ihre Landsleute: «Die Unfähigkeit zu trauern».[7] Doch schon nach dem Ersten Weltkrieg hatten die Deutschen sich mit dem Trauern schwergetan. Die seelische Qual von rund zehn Millionen Deutschen, die den Tod eines Angehörigen beklagten, muß beängstigend tief gewesen sein. Der englische Psychoanalytiker John Bowlby hat den gewöhnlichen Prozeß des Trauerns mit all seinen gegensätzlichen Gefühlselementen beschrieben: Weigerung zu glauben, Suche nach dem Vermißten, Wut, Schuldgefühle.[8] Der Verlust eines geliebten Menschen ist in der Tat ein physischer Schlag; am härtesten trifft er die Kinder. Wie äußerten sich diese Emotionen angesichts einer Häufung so vieler unnatürlicher Todesfälle? Die Kriegstoten hinterließen ein ungeheures, noch zu wenig beachtetes Vermächtnis, das oft für politische Zwecke ausgebeutet wurde.

Nicht vergessen sollten wir auch, wie sehr die Weimarer Jahre von der ständigen Präsenz der Kriegsversehrten geprägt waren, der Halbtoten, Verkrüppelten und Verstümmelten, die an Krücken gingen oder sich mit Hilfe monströser Prothesen und primitiver Gehhilfen fortbewegten, der Invaliden, die als Bettler an den Straßen saßen, stets – wie wir aus der Literatur wissen – dem nagenden Verdacht ihrer Mitmenschen ausgesetzt, einige von ihnen seien Betrüger, die den Kriegsversehrtenstatus nur vortäuschten. Die Zahl möglicher Reaktionen war groß: erst Mitleid, dann Mißtrauen bis hin zu schierer Gefühlskälte – ein stetes Sich-Bewußtbleiben dessen, daß es ums nackte Überleben ging. Wir haben keinen Maßstab zur Hand, mit dem wir Vertrauen messen können – das der Philosoph John Dunn zu Recht als das notwendige Element jeder Demokratie bezeichnet hat[9] –, und daher auch keine Skala, von der wir ablesen könnten, wieviel Vertrauen bzw. Mißtrauen der Weimarer Republik entgegengebracht wurde, doch es dürfte von beidem eine ganze Menge dagewesen sein. Die politischen Kräfte sowohl der Linken als auch der Rechten gefielen sich jedenfalls darin, korrupte Zustände und böse Machenschaften im Verborgenen wirkender Mächte zu «enthüllen».

Kriegerwitwen, Waisen, Kriegsversehrte und Invaliden bedeuteten auch eine schwere materielle Belastung für das verarmte Land. Die Kriegsgeschädigten, oft von einer kleinlich agierenden Bürokratie schikaniert, gründeten sieben verschiedene Organisationen zur Vertretung ihrer Interessen. Während die mit Abstand größte davon der SPD nahestand, bewegten sich die anderen gegen Ende der 1920er Jahre auf die Nationalsozialisten zu. Alle deutschen Regierungen mußten sich zusätzlich zu den Reparationsleistungen (die Renten für die Kriegsopfer auf alliierter Seite einschlossen) mit den Ansprüchen der Kriegsversehrten und Hinterbliebenen herumschlagen, die insgesamt ein rundes Viertel der deutschen Staatshaushalte verschlangen.

Die Weimarer Republik kam durch einen sehr deutschen Prozeß zur Welt: durch die Verbindung einer Revolution von oben mit einer Revolution von unten – von oben, weil die Oberste Heeresleitung im Angesicht der sicheren Niederlage die Einberufung einer demokratischen Regierung forderte, die einen Waffenstillstand aushandeln sollte; von unten, weil Millionen, die ein sofortiges Ende des sinnlosen Blutbads herbeisehnten, die Abschaffung der alten kaiserlichen Ordnung forderten. Im November 1918 übernahmen die Sozialdemokraten – die gemäßigten Mehrheitssozialisten im Verein mit ihren radikaleren Genossen von der «unabhängigen» Partei – die Macht als Nachlaßverwalter eines bankrotten Regimes. Sie schlossen ihre Kompromisse mit der alten Ordnung, vor allem mit der Heeresleitung; nach außen hin gaben sie sich jedoch einen revolutionären Anstrich – genug davon jedenfalls, um den alten herrschenden Klassen Furcht und Widerwillen einzujagen. Diese hatten bis dahin eine aus Angst und Anmaßung gemischte Haltung zur Schau getragen: Angst vor dem inneren Feind – dem Sozialismus – sowie vor äußerer Einkreisung, Anmaßung insofern, als sie sich für die einzigen deutschen Patrioten hielten, für die Säulen von Staat und Vaterland. Nach dem November 1918 fühlten die herrschenden Klassen sich enteignet und kulturell enterbt. Noch immer erhoben sie einen Monopolanspruch auf patriotische Überzeugungen und klammerten sich an die Idee, Deutschland habe lediglich einen Verteidigungskrieg geführt, in dem die Soldaten heroisch gekämpft hatten und viele von ihnen einen Märtyrertod gestorben waren. Die Toten gehörten ihrer Überzeugung nach ihnen und nicht denen, die der kämpfenden Truppe in den Rücken gefallen waren.

Im November 1918 hatte das autoritäre Regime des deutschen Kaiserreichs, das die Prüfung des Krieges nicht bestanden hatte, einer provisorischen Republik Platz gemacht, deren politische Führer sich mit den Unwägbarkeiten der Niederlage konfrontiert sahen, einer Republik, die noch dazu eingeklemmt war zwischen den alliierten Mächten und einem jungen bolschewistischen Regime in Rußland, das die Revolution in alle Welt tragen wollte, vor allem aber nach Deutschland.

Wäre der deutsche Umsturz von 1918 eine Revolution nicht nur der Form, sondern auch dem Geiste nach gewesen, so hätte man mit der Vergangenheit schonungslos gebrochen und mit der Waffe der Enthüllung die Schuld und Gier derjenigen bloßgestellt, die Deutschland in die Niederlage geführt hatten. Die Veröffentlichung geheimer diplomatischer Akten der Vorkriegs- und Kriegszeit – eine Waffe, deren sich die Bolschewisten in Rußland bedient hatten – hätte die Schuld der alten Führung offenkundig gemacht.[10] (Die Ansicht, daß die deutsche Führung im Juli 1914 eine Politik betrieb, die nur mit einer katastrophalen diplomatischen Schlappe für die Alliierten oder eben mit dem Kriegsausbruch enden konnte, wurde schon damals von etlichen Deutschen vertreten und ist heute bei den Historikern Allgemeingut.)

Die erste Weimarer Regierung war in dieser Frage gespalten; Friedrich Ebert, für seine gemäßigte Linie oft gescholten, sprach sich für eine Veröffentlichung aus, doch Verzagtheit, Angst und vor allem eine Art nationale Rücksicht veranlaßten eine Mehrheit des Kabinetts, sich dagegen zu entscheiden. Die neuen Führer waren psychologisch ahnungslos – sie hatten keine Vorstellung von der Macht des nationalistischen Mythos. Von dem Augenblick an, da sich in deutschen Köpfen die Überzeugung festgesetzt hatte, die Siegermächte hätten mit ihrer Kriegsschuldklausel einseitig die ganze moralische und finanzielle Verantwortung für den Krieg auf Deutschland abgewälzt, wurde ein Eingeständnis der deutschen Hauptschuld unendlich viel schwerer. Um nur ein Beispiel für diese Form der

Verdrängung oder des selbstgewählten Schweigens anzuführen: In den 1921 veröffentlichten Erinnerungen Bethmann-Hollwegs[11] – bis 1917 Reichskanzler – fand sich kaum ein Wort über die Halsstarrigkeit der Obersten Heeresleitung, d. h. Ludendorffs und Hindenburgs, die das Vertrauen, das ihm allein entgegengebracht wurde, für die Durchsetzung ihrer Ziele mißbraucht und am Ende seinen Rücktritt erzwungen hatten. Mit seinem vornehmen Schweigen setzte er nur die alte Politik der Irreführung fort.

Wir wissen, daß der Versailler Vertrag die Deutschen in kollektiver Wut und Erbitterung vereinte – er gab den sogenannten Patrioten der Rechten, die der Republik vorwarfen, mit seiner Unterzeichnung eine Art Hochverrat begangen zu haben, eine zusätzliche Waffe in die Hand. Schließlich war es einer der republikanischen Führer gewesen, nämlich Philipp Scheidemann, der gesagt hatte: «Welche Hand müßte nicht verdorren, die sich und uns in diese Fessel legt.»[12] Dieses Bild einer physischen Selbstverstümmelung wurde den führenden Repräsentanten der Republik immer und immer wieder entgegengehalten. Daß der Versailler Vertrag ein zutiefst verfehltes, vor allem psychologisch instinktloses Stück Diplomatie war, ist heute eine historische Binsenweisheit, auch wenn der britische Historiker A. J. P. Taylor[13] mit seiner vor langer Zeit geäußerten Vermutung recht haben könnte, die Deutschen seien mit der Niederlage nicht fertig geworden, und kein Vertrag der Welt hätte sie zufriedengestellt. Die Revolution, die sie verabscheuten, hatte sie erschreckt, aber weder entmachtet noch entwaffnet. Große Teile des deutschen Bürgertums hielten die Republik des doppelten Verrats für schuldig: verantwortlich sowohl für die militärische Niederlage als auch für die politische Kapitulation.

Schon vor Versailles hatte sich Deutschland im Zustand eines latenten Bürgerkrieges befunden. Ich brauche nur zu erinnern an die bewaffneten Kämpfe zwischen Regierungstruppen und Freikorps einerseits und kommunistischen Spartakuskämpfern andererseits oder an die Räterevolution in Bayern und den ihr folgenden Weißen Terror. Tausende kamen ums Leben, die meisten bei Straßenkämpfen, einige auch als Opfer individueller Morde. Auch sollte man nicht vergessen, daß es in Bayern und im Rheinland separatistische Bewegungen gab, die die Einheit des Reichs bedrohten.

Morde markierten die frühen Jahre der Weimarer Republik – von den folgenschwersten soll hier die Rede sein. Die barbarische Liquidierung von Karl Liebknecht und Rosa Luxemburg im Januar 1919 war ein verhängnisvolles Verbrechen: Es waren Soldaten, die die beiden Politiker umbrachten, aber es war eine sozialdemokratische Regierung, die, zumindest nach Meinung vieler Linken, mit den Mördern unter einer Decke steckte – ein Mitglied der Regierung, Gustav Noske, bezeichnete sich selbst bekanntlich als Bluthund. Die Brutalität, mit der die Morde ausgeführt wurden, und das Quälen der Opfer, das ihnen vorausging, zeugen von der psychischen Traumatisierung der Täter durch den Krieg: Sie hatten gelernt zu töten, man hatte ihnen befohlen, keine Gefangenen zu machen. Die Ermordung Rosa Luxemburgs löste große Trauer aus – und Freude auf der anderen Seite. Für die Linke wurde sie zur Märtyrerin und ist es bis heute geblieben, für Lenin und Stalin erwies sich ihr Tod als doppelter Segen, befreite er sie doch von der potentiell schärfsten Kritikerin der Dritten Internationale und lieferte ihnen zugleich ein Motiv für die künftige Verteufelung sozialdemokratischer Perfidie. Die barbarische Tat inspirierte Max Beckmann zu einer Lithographie, in der er Rosa Luxemburg als Gekreuzigte darstellte, umstellt von aggressiven bewaffneten Männern, unter ihnen ein grinsender Bourgeois, der eines ihrer Beine gepackt hat – und im Hintergrund eine Kirche. Das Grinsen auf dem Gesicht des zufriedenen Mittäters erzählt uns sehr viel von dem, was folgen sollte: Mord mit gutem Gewissen, Mord als große patriotische Tat, genau wie im Krieg. Ermordungen wurden in der Folge zu einem Teil deutscher Normalität: Kurt Eisner und Hugo Haase, beide Unabhängige Sozialdemokraten, wurden ebenfalls noch 1919 ermordet.

Ein Muster bildete sich heraus. «Respektable» Politiker heizten mit diffamierenden Äußerungen die Stimmung gegen bestimmte prominente politische Gegner an, die nationalistische Presse schmückte die erhobenen Vorwürfe aus, eine implizite Aufforderung zum Mord machte die Runde. Nach diesem Muster brach Karl Helfferich, der starke Mann der Deutschnationalen Volkspartei, in der sich ressentimentgeladene Bürger und um ihre Existenz besorgte Agrarier (die meisten von ihnen Protestanten) zusammenscharten, um Nationalismus zu predigen und Obstruktion gegen jede rationale Maßnahme zu üben, die geeignet schien, die Nation zu retten, eine Vendetta gegen den führenden Zentrumspolitiker Matthias Erzberger vom Zaun, der zu den Architekten der Zusammenarbeit zwischen Sozialdemokratie und politischer Mitte gehörte. Man zieh ihn des Verrats und der persönlichen Bestechlichkeit, und während ein Gericht Helfferich mit einer unbedeutenden Geldstrafe davonkommen ließ, blieben die erhobenen Verdächtigungen an Erzberger haften. Im August 1921 wurde er, der zuvor fünf Anschläge auf sein Leben überstanden hatte, ermordet. Das Muster blieb bestehen: Weniger als ein Jahr später fiel der nächste Politiker einem Attentat zum Opfer, der prominenteste bis dahin: Walther Rathenau, der deutsche Außenminister. Auch in diesem Fall gingen dem Attentat unablässige Kampagnen gegen ihn als den Architekten der Erfüllungspolitik voraus – er war der Mann, der mit den Alliierten verhandelt und ihnen den Verzicht auf Sanktionen abgerungen hatte, die leicht zum Zerfall des Reiches hätten führen können. Dafür wurde er als Verräter beschimpft – und als Jude. Und wieder war Helfferich der Wortführer der Anschwärzer; nach dem Mord wurde er als indirekter Anstifter mitverantwortlich gemacht. (Die Ermordung Yitzhak Rabins 1995 erscheint mir als eine erschreckende Analogie.)

Die Ermordung Rathenaus löste einen Aufschrei der Empörung aus. Die Regierung erließ Notverordnungen mit dem Ziel, den Staat und seine Repräsentanten zu schützen, und vielleicht eine Million Menschen gingen auf die Straßen und demonstrierten ihre Treue zur Republik. Die meisten von denen, die so ihre Trauer um den ermordeten Kapitalisten, Staatsmann und Philosophen bekundeten, waren Arbeiter. Eine gegenteilige, nämlich anspornende Wirkung hatte der Mord an Rathenau auf Teile der nationalistischen Szene, insbesondere auf die Angehörigen einer paramilitärischen Untergrundbewegung, die sich Organisation Consul nannte und aus deren Reihen auch die Rathenau-Attentäter gekommen waren. Nur wenige Tage nach dem

Tod Rathenaus wurde ein Anschlag auf den jüdischen Journalisten Maximilian Harden versucht. Auf der Liste der weiteren auserkorenen Mordopfer stand neben vielen anderen angeblich auch Albert Einstein.

Die Morde – sowohl die spektakulären als auch die vielen anderen an weniger bekannten Menschen – wurden ausgerechnet von einer der angesehensten Instanzen der deutschen Gesellschaft praktisch gedeckt – von der Justiz, die die Revolution von 1918 ohne Bereinigung überstanden hatte. Politischer Mord und politische Justiz erwiesen sich als eng zusammengehörig. Emil Gumbel, Statistiker von Beruf und Linksradikaler aus Überzeugung, veröffentlichte 1922 eine Kampfschrift mit dem Titel «Vier Jahre politischer Mord»,[14] in der er die Parteilichkeit der deutschen Justiz enthüllte. Als Ergebnis minuziöser Erhebungen listete Gumbel 354 von der politischen Rechten (zumeist von Soldaten oder Freikorpskämpfern) begangene Morde auf, die von deutschen Richtern mit insgesamt 90 Jahren Gefängnis geahndet worden waren; im Gegensatz dazu hatten in 22 Fällen, in denen Morde von Tätern aus der linken Szene begangen worden waren, die Angeklagten zusammen 249 Jahre Strafhaft erhalten. Die Richter hatten eine Menge Verständnis für die «idealistischen» Beweggründe nationalistisch gesinnter Mörder. (Jemand sollte einmal eine Geschichte des böse mißbrauchten deutschen Idealismus und der Verfehlungen der deutschen Justiz schreiben.) In ihrem Abscheu vor der Republik und in ihrem eigenen Gruppeninteresse bevorzugten die Richter fast instinktiv die Rechte gegenüber der Linken, in der sie eine Bedrohung für Eigentum und öffentliche Ordnung sahen. Der angesehene Jurist Gustav Radbruch, nach der Ermordung Rathenaus für kurze Zeit Justizminister, konstatierte, daß zwischen Justiz und Volk ein «Kriegszustand» herrsche. Die stillschweigende Sanktionierung politischer Morde durch Nichtbestrafung ermutigte die Mörder und vermittelte den Opfern und ihren trauernden Hinterbliebenen das Gefühl, Tod und Ungerechtigkeit seien ein und dasselbe.

Ein Jahr nach der Ermordung Rathenaus kam der Schlag, den er am meisten gefürchtet und den er zu verhindern versucht hatte: die Besetzung des Ruhrgebiets durch die Franzosen – das Ende für die deutsche Mark. Auch das war ein von Amts wegen gebilligter Tod, einer, der Millionen Deutschen ihre Ersparnisse und ihre Existenzsicherung raubte, ein paar Industriemagnaten und verschuldeten Grundbesitzern hingegen hohe Gewinne bescherte. Der Verlauf der Inflation selbst war befremdlich, grotesk und ohne jedes geschichtliche Vorbild.

Die Ruhrbesetzung, der Untergang der Mark, das kurzzeitige Auftauchen linksradikaler politischer Kräfte in Sachsen und Thüringen, die zu den wirtschaftsstärksten Regionen in Deutschland gehörten, die bedrohlichen separatistischen Tendenzen im Rheinland, Hitlers Putschversuch vom November 1923 in München – die Gefahren für die Republik waren immens. Eine Periode des Kampfes ums Überleben ging 1924 in eine Phase der Stabilisierung über: Bis 1928 gelang es Deutschland dank eines von amerikanischen Anleihen gestützten wirtschaftlichen Aufschwungs, auf dem Verhandlungsweg fast wieder einen gleichberechtigten Platz am Tisch der europäischen Politik zu erringen. Im Rückblick erscheint diese kurze Phase aber nur als Ruhepause vor der Fortsetzung des Leidenswegs; für die

Menschen damals verkörperte sie die Aussicht auf bessere Zeiten.

Freud hatte darüber geschrieben, daß die Konfrontation mit dem Tod den Sinn der Menschen für das Leben schärft – tatsächlich gelang der Weimarer Kultur trotz Tod und Zerstörung eine ganze Reihe großartiger Leistungen in den bildenden Künsten, in Theater und Film, vor allem aber in der Architektur. Die Erinnerung an Krieg und Tod prägte diesen Moment des Aufblühens, des Aufbruchs in die Moderne. Der Krieg war sowohl direkt als auch im Verborgenen präsent in dieser Kultur.

Wir wissen von den Meinungsverschiedenheiten zwischen den Künstlern in bezug auf die Darstellung des Krieges, zwischen denen, die den Krieg als barbarische Deformierungserfahrung erlebt hatten, und denen, die in ihm, oft im Rückblick, eine heroische Selbstbestätigung sahen. Max Beckmann und Otto Dix fingen die Häßlichkeit des Krieges, die Realität des grausigen Leidens, mit unerreichter Schroffheit ein. Beide waren an der Front gewesen. Dix hatte die Erfahrung des Krieges machen wollen; er war überzeugt, der Mensch zeige nur in äußersten Extremsituationen sein wahres Ich. Sein Selbstbildnis als Soldat suggeriert die Verwandlung des Ich in eine Art Ungeheuer inmitten einer irrealen Welt des realen Leidens. Die Trümmer des Krieges hatten nichts Heroisches an sich. Beckmann diente als Sanitätshelfer in einem Frontlazarett, bis er 1915 einen Nervenzusammenbruch erlitt; die meisten seiner Bilder aus dieser Zeit zeigen das wahre Gesicht des Krieges. Sein Gemälde «Die Granate» zum Beispiel bildet die von einem Artillerieeinschlag angerichtete Verwüstung des Lebens und des

Bodens ab, die entsetzliche Trostlosigkeit des Lebens an der Front.

George Grosz ist am bekanntesten durch seine gnadenlos satirischen Bilder des Weimarer Lebens, doch auch er zeichnete zunächst an der Front, bis er krankheitsbedingt in die Heimat entlassen wurde, allerdings unter dem Vorbehalt jederzeitiger Reaktivierung. Er hielt seine bildlichen Erinnerungen an den Krieg fest: «Ich zeichnete Soldaten ohne Nase, Kriegskrüppel mit krebsartigen Stahlarmen, zwei Sanitäter, die einen tobsüchtigen Infanteristen in eine Pferdedecke eindrehen, einen Einarmigen, der mit der gesunden Hand einer ordenbehängten Dame, die ihm aus einer Tüte ein (!) Keks aufs Bett legt, die Ehrenbezeigung erweist. Einen Obersten, der mit aufgeknöpfter Hose eine dicke Krankenschwester umarmt. Einen Lazarettgehilfen, der aus einem Eimer allerlei menschliche Körperteile in eine Grube schüttet. Ein Skelett in Rekrutenmontur, das auf Militärtauglichkeit untersucht wird ...»[15] – mit positivem Befund vermutlich. Kurz nach Kriegsende zeichnete Grosz «Das Gesicht der herrschenden Klasse», und 1926 porträtierte er «Stützen der Gesellschaft», eine Gruppe scheußlicher und grotesker Figuren: Offizier, Pfarrer, Akademiker und Plutokrat. Grosz delektierte sich daran, die Häßlichkeit seiner Gegenwart zu zeigen, ihre Korruptheit, Heuchelei, Herzlosigkeit, die uneingestandenen sexuellen Phantasien der herrschenden Klasse, die Ausbeutung. Er schrieb: «... wie ein brodelnder Kessel war die Hauptstadt unserer neuen deutschen Republik. Wer den Kessel heizte, sah man nicht; man sah ihn nur lustig brodeln und fühlte die immer stärker werdende Hitze. An allen Ecken standen Redner. Überall erschollen Haßgesänge. Alle wurden gehaßt (...). Es war eine Orgie der Verhetzung, und die Republik war schwach, kaum wahrnehmbar. Das mußte mit einem furchtbaren Krach enden ...»[16]

In den Jahren unmittelbar vor Ausbruch des großen Krieges hatten die deutschen Künstler der Avantgarde bereits so etwas wie eine Zersetzung der Welt, eine sich anbahnende Katastrophe vorausgeahnt. Der Krieg, den sie danach miterlebten, übertraf bei weitem die Schrekken, die sie sich hatten vorstellen können. Doch es waren gerade diese vorausgeahnten Schrecken des Krieges, die sie zu der Exaltiertheit ihrer experimentellen Vorkriegswerke ansporte. Vor dem Krieg waren in Architektur und Design neue Formen aufgetaucht, entstanden in losem Zusammenhang mit einer Gruppe innovativer Künstler und Kunsthandwerker, dem Werkbund. In den Weimarer Jahren sorgte das Bauhaus als Sammelbecken brillanter Erneuerer für die Erfüllung der damals geweckten Hoffnungen auf einen Stilwandel in der Architektur und den dekorativen Künsten, hin zur Moderne. Die Bauhaus-Künstler hatten die Vision eines neuen Lebensstils, geprägt durch ein Mehr an Licht und Farbe, aber auch ein Mehr an Demokratie. Denken wir an die großartigen Arbeiterwohnanlagen, die auf Initiative des Bauhauses entstanden, oder an den himmelweiten Unterschied zwischen den feucht-finsteren Mietskasernen der Vergangenheit und den in gesünderen Wohnlagen errichteten Neubauten. Solche kreativen Lösungen standen im Einklang mit den emanzipatorischen Impulsen Weimars, mit dem Wunsch, die materiellen Formen für ein neues geistiges Leben zu schaffen; das Bauhaus war eine Antwort auf die Verheerungen des Krieges, zugegebenermaßen eine, die Unterstützung durch einige Landesregierungen erfuhr. Daß auch das Bauhaus zur Zielscheibe wilder Denunziationen wurde – es stand ebenfalls unter Bolschewismus-Verdacht –, gehörte zu den nicht enden wollenden kulturellen Konflikten Weimars.

Walter Gropius war der Gründer und erste Impulsgeber des Bauhauses. Er hatte in einem der ältesten und feudalsten Regimenter des deutschen Heeres gedient, zunächst als einfacher Soldat, dann als Offizier. Er hatte die schlimmsten Seiten des Krieges kennengelernt. Einmal hatte er seiner Mutter in einem Brief von «zwei schrecklichen Tagen und Nächten ohne Essen, ohne Schlaf» berichtet, «ständig von Kugeln umsurrt, die Schreie der Verwundeten und Sterbenden ständig im Ohr ... Es war namenlos schrecklich, die Verwundungen durch die an Bäume schlagenden Kugeln gräßlich und die Schreie der Getroffenen vergißt man nie wieder»[17] Im Juni 1918 wurde er ans Regimentshauptquartier bei Reims versetzt. Ein Granateneinschlag legte das Gebäude in Trümmer, und Gropius lag drei Tage lang unter Schutt und Leichen begraben. Er wurde gefunden, sein Überleben galt als Wunder. Im Oktober 1918, als die deutschen Truppen auf dem Rückzug waren, hatte er die plötzliche Eingebung, daß der ganze «alte Krempel»[18] dem Untergang geweiht war, und über Nacht wurde aus dem Konservativen ein Mann des Fortschritts. Der Krieg hatte Gropius radikalisiert, der Mord an Luxemburg und Liebknecht erfüllte ihn mit Trauer und Wut; er wurde Mitglied einer Initiative, die sich «Arbeitsrat für Kunst» nannte. Im März 1919 trat er an die Spitze der Gruppe und schrieb seiner Mutter, er habe «ein interessantes, recht lebendiges Leben zusammengebracht; alle wichtigen modernen

Künstler, Architekten, Maler, Bildhauer unter einen Hut. … Das ist die Art zu leben wie ich es mir lange dachte, aber die innere Reinigung durch den Krieg war dazu nötig. Ich bin durch vieles innere Leid im Kriege vom Saulus zum Paulus geworden. Geistig idiotisiert und zermürbt aus dem furchtbaren Krieg heimkehrend stürzte ich mich vor drei Monaten auf das geistige Leben …»[19] Ein besseres Beispiel für die lebenssteigernde, verwandelnde Wirkung von Krieg und Tod kann ich mir kaum vorstellen, als Gropius es hier lieferte mit seinem Entschluß, im Frieden einen künstlerischen Ersatz für das Frontkameradentum zu finden. Das Bauhaus hatte eine qualvolle, mehrfach gebrochene Geschichte, aber es wurde zum Sinnbild für die Größe Weimars und hat unsere Welt verändert.

Weimar hatte so viel mehr zu bieten als jene tabusprengende Aufsässigkeit, an die Christopher Isherwood sich erinnerte.[20] Es erlebte große Momente des experimentellen Theaters und des surrealistischen Films, denken wir nur an Fritz Langs «Metropolis» (von dem ich fürchte, es wird beim monumentalen Wiederaufbau Berlins mehr als das Bauhaus Pate stehen). Denkwürdig auch die große Konfrontation in der Literatur zwischen denen, die den Krieg verherrlichten – neben Ernst Jünger, dem berühmtesten unter ihnen, gab es noch viele kleine Lichter –, und den Chronisten seiner Grausamkeit wie Erich Maria Remarque oder Arnold Zweig. Millionen lasen die so gegensätzlichen Kriegsbücher dieser Autoren, wobei die Auswahl der Lektüre der politischen Ausrichtung entsprach. Wie blutrünstig war aber die Rhetorik, in die selbst die antimilitaristischen unter den Weimarer Intellektuellen ihre Botschaft kleideten! Ich denke da an die «Dreigroschenoper» mit ihrer gewollt brutalen Antibrutalität. Als Jenny gefragt wird, wer sterben solle, sagt sie: «Alle.» Und wenn ein Kopf fällt, wird sie «Hoppla» sagen.[21]

Die erfolgreichsten Mystifizierer des Todes als Wegbereiter für neues Leben waren die Nationalsozialisten, nicht nur insofern als sie immer wieder die Gefallenen des Weltkriegs beschworen, deren Tod gerächt werden müsse und deren Opfer den Willen eines neuen, verjüngten Deutschland stählen sollte. Die Nazis taten weit mehr als das. Sie polierten ihren schäbigen Putschversuch von 1923 nachträglich zur Heldenschlacht auf; sie erhoben ihre dabei ums Leben gekommenen Kameraden in den Rang von Märtyrern der Bewegung, Schutzheiligen ihrer künftigen Politik der Gewalt. In ihren glänzend inszenierten pseudo-religiösen Ritualen glorifizierten sie das Märtyrertum, zelebrierten das Gedenken an ihre «Blutopfer» und führten das Drama von Wiederauferstehung und Erlösung auf. In den Phantasmagorien der Nationalsozialisten war es den Lebenden und den stets und überall angerufenen Toten bestimmt, gemeinsam in eine neue Zukunft aufzubrechen, ihrer Bestimmung entgegen, nämlich dem neuen großen Krieg, der den Kampf der Rassen entscheiden würde.

In den letzten Jahren der Weimarer Republik, 1929 bis 1933, entlud sich der latente Bürgerkrieg erneut in politischen Gewalttaten auf breiter Front, blutigen Auseinandersetzungen zwischen den Kräften der staatlichen Ordnung und radikalen Aktivisten, eskalierenden Straßenschlachten zwischen den bewaffneten Armen rivalisierender Parteien. Einen Höhepunkt erreichte die Gewalttätigkeit, als in dem oberschlesischen

Dorf Potempa fünf SA-Leute einen angeblichen polnischen Kommunisten vor den Augen seiner Mutter zu Tode prügelten. Die Mörder wurden zum Tode verurteilt, aber noch bevor das Strafmaß in lebenslängliche Haft umgewandelt wurde, sicherte Hitler den Verurteilten öffentlich seine unbedingte Loyalität zu. Der politische Mord, die sadistische Tötung politischer Gegner war ein frühes Kennzeichen des Nationalsozialismus, das viele Deutsche, vielleicht weil sie gegenüber Brutalitäten aller Art abgestumpft waren, allerdings nicht zur Kenntnis nehmen wollten.

Ein weiteres für die Geschichte Weimars bedeutsames Element hat bisher nicht die ihm gebührende Aufmerksamkeit gefunden: die Tatsache, daß die junge Republik einige der wichtigsten Stützen, die sie auf der politischen und gesellschaftlichen Bühne hatte, zu einem unnatürlich frühen Zeitpunkt verlor. Max Weber, Ernst Troeltsch, Friedrich Ebert und Gustav Stresemann starben im Verlauf der 20er Jahre eines zwar natürlichen, aber zu frühen Todes – keiner von ihnen erreichte das 60. Lebensjahr. Jeder dieser Todesfälle bedeutete einen herben Verlust für die Republik.

Max Weber wurde in die akademisch-politische Welt des deutschen Kaiserreichs hineingeboren. Seine Familie gehörte dem Großbürgertum an, sein Vater war einer der führenden Männer der Nationalliberalen Partei. Weber verfolgte mit großer Hingabe die deutsche Politik und betätigte sich zeitweise auch aktiv in ihr. Seine Loyalität zur Republik ist ebenso wohlbekannt, wie es seine unerschrockenen Analysen der verhängnisvollen deutschen Politik der Vorkriegsperiode sind. Er durchschaute die Klasseninteressen, die zur Verformung und letztlich zum Untergang des kaiserlichen Deutschland geführt hatten. In den Kriegsjahren gehörte Weber einer kleinen, aber einflußreichen Gruppe «liberaler Imperialisten»[22] an, die sich für ein mächtiges, aber reformiertes Deutschland einsetzte. Sie glaubten, anders gesagt, daß nur radikale Reformen im Inneren eine starke nationale oder auch nationalistische Politik nach außen ermöglichen würden. Weber stimmte mit den Gemäßigten überein, die ein innenpolitisches Reformprogramm anmahnten. Als Befürworter eines mächtigen Deutschland hielt er nichts von pazifistisch begründetem Widerstand gegen eine Fortführung des Krieges. Andererseits machte er sich keine Illusionen über die Männer an der Spitze des Deutschen Reichs. «Die Hunderttausende bluten für die entsetzliche Unfähigkeit unserer Diplomatie»,[23] schrieb er. (Ich würde im gleichen Atemzug die militärischen Führer nennen, die noch schlimmer waren.) Weber profilierte sich in seinen Artikeln und Vorträgen als der vielleicht vehementeste Fürsprecher eines starken, demokratisch gewählten Parlaments, das die begabtesten Leute in seinen Bann ziehen würde und in dem die Vertreter der gegensätzlichen Interessen ihre Machtkämpfe offen ausfechten würden. Weber war Gründungsmitglied der Deutschen Demokratischen Partei, die innerhalb der sogenannten Weimarer Koalition das unentbehrliche Bindeglied zwischen Sozialdemokratie und katholischem Zentrum bildete. Er hatte in den Kriegsjahren und danach sogar damit gerechnet, daß sein Land ihn auffordern werde, ein verantwortliches politisches Amt zu übernehmen. Zu seiner Enttäuschung geschah das nicht, aber immerhin hielt er temperamentvolle Wahlreden für die DDP. Obwohl er den Sozialismus als einen der wirtschaftlichen Erholung Deutschlands abträglichen Faktor betrachtete, drängte er auf eine Zusammenarbeit mit den Mehrheitssozialisten und war sogar bereit, ein begrenztes Maß an Verstaatlichungen zu akzeptieren. Für eine politische Teilhabe der Arbeiterschaft war er ohnehin stets eingetreten.

Webers Prognose für die neue Republik war düster: Er war überzeugt, die Reaktion werde früher oder später Vergeltung für die Revolution nehmen. Seine Vision des idealen Politikers, wie er sie 1919 in seinem Vortrag «Politik als Beruf» skizzierte, war vielleicht zu anspruchsvoll. Seiner Ansicht nach saßen im Reichstag zu diesem Zeitpunkt lauter «‹Berufspolitiker› ohne Beruf»[24]. 1920 zog er sich völlig aus der Politik zurück, und wenige Wochen nach der Reichstagswahl desselben Jahres mit ihren katastrophalen Ergebnissen verstarb er völlig unerwartet mit 56 Jahren. Hätte dieser leidenschaftlich politische Mann weitergelebt, sollte man nicht annehmen, daß er wieder politisch und publizistisch aktiv geworden wäre, als die Republik von den finstersten Mächten der Reaktion und des Obskurantismus bedroht wurde, Mächten, die er verabscheute? Karl Jaspers sagte 1954 über Max Weber, er sei «der größte Deutsche unserer Zeit»[25] gewesen, gemessen an seinem leidenschaftlichen Bemühen um Wahrheitssuche und seinem rückhaltlosen politischen Engagement.

Ernst Troeltsch ist nicht so bekannt, vielleicht weil er Theologe und Philosoph war und ein bedeutender Kirchenhistoriker dazu, und weil wir bis vor kurzem geneigt waren, Religion und religiöse Denker zu ignorieren. Troeltsch entstammte einer Familie des süddeutschen Bürgertums, sein Vater war Arzt. Troeltsch und Weber waren Freunde – sie unternahmen 1905 eine gemeinsame USA-Reise und teilten sich in Heidelberg ein Haus –, aber ihre Freundschaft bekam in den Kriegsjahren einen Riß, als Weber sich darüber empörte, daß Troeltsch Kompromißbereitschaft gegenüber Heidelberger Nationalisten an den Tag legte, die sich gegen die Politik Webers wandten, französischen Kriegsgefangenen Besuchsregelungen zuzugestehen. 1915 übernahm Troeltsch in Berlin einen Lehrstuhl für Philosophie und wurde sogleich zu einer festen Größe im politischen und akademischen Leben Deutschlands. Auch er wurde durch den Krieg politisiert – in einem Essay versuchte er, die kulturellen und politischen Merkmale zu definieren, durch die sich die deutsche von der westlichen Lebensauffassung und Denkhaltung unterschied.[26] Er betonte dabei jedoch stets die Notwendigkeit, Brücken zwischen verfeindeten Kulturen aufrecht zu erhalten. Troeltsch hatte Freunde in fast jedem politischen Lager, von den Spitzen der deutschen Politik wie Rathenau über Akademiker wie den Historiker Friedrich Meinecke bis hin zu Reichstagsabgeordneten. Er gehörte der kleinen gemäßigten Gruppe an, die auf innere Reformen (im Rahmen des sogenannten Volksstaates) und einen baldigen Frieden ohne überzogene Forderungen drängte. Unter dem Eindruck der deutschen Niederlage und der anschließenden Revolution wandte sich Troeltsch der Publizistik zu und verfaßte regelmäßige Kommentare zur Weimarer Politik und Kultur, die sogenannten «Spektator-Briefe», die ich zu den scharfsinnigsten, ehrlichsten und bewegendsten Zeugnissen ihrer Zeit zähle. Am 16. November 1918 erschien sein erster Spektator-Brief unter der Überschrift «Das Ende des Militarismus». Es war eine schneidende Abrechnung mit den herrschenden Klassen Deutschlands, also dem junkerlichen Agrariertum, den Industriellen und den protestantischen Kirchenführern, die allesamt die Übermacht der Militärführung hingenommen und bejaht hatten. Diese Militärführung war in ihrer Arroganz die Verkörperung eines obsoleten politischen Systems, das sich in den Kriegsjahren einer Politik des «alles oder nichts» verschrieben und sich weitgehende annexionistische Ziele gesetzt hatte, die entweder zu einem Wiedererstarken des kaiserlichen Regimes oder aber in die totale Niederlage führen mußten. Troeltsch erkannte die Vabanque-Politik der Obersten Heeresleitung. Er schrieb, daß das Heer bereits 1918 seine Geschlossenheit verloren und zu zerfallen begonnen hatte, vor allem weil die einfachen Soldaten den Gegensatz zwischen ihrem eigenen Leiden und Sterben und den Privilegien ihrer Offiziere immer mehr als unerträglich empfanden. Die Streitkräfte, so lautete Troeltschs implizites Fazit, seien von oben, nicht von unten her brüchig geworden.

Es war Troeltsch, der das Vorhaben Ludendorffs im Jahre 1917 enthüllte, das deutsche Volk mittels einer Kampagne (deren Werkzeug teilweise die Vaterlandspartei war) in die Irre zu führen und seine Gegner zu diffamieren. Diese Kampagne verbreitete im Land den Virus des Größenwahns und verband ihn mit moralischem Terror. Über die damaligen Führer Deutschlands schrieb Troeltsch: «Man hat nicht gesehen und wollte vor allem nicht sehen, was sich verbreitete, und wer es wußte, durfte dieses wie so vieles andere nicht sagen.»[27] Bis heute, 80 Jahre danach, sind diese erstaunlichen Beobachtungen Troeltschs, niedergeschrieben wenige Tage nach der Revolution, die treffendste Analyse des damaligen Geschehens geblieben.

Anfänglich veröffentlichte Troeltsch seine Kommentare im Zwei-Wochen-Abstand und anonym, um die Deutsche Demokratische Partei nicht zu belasten, zu deren Gründungsmitgliedern er, wie Weber, gehörte. Anfang 1919 wurde er als Staatssekretär ins preußische Kultusministerium berufen. Von 1920 an publizierte er seine Kolumne, die nun im großen und ganzen monatlich erschien, unter eigenem Namen. Er interpretierte die Ergebnisse der Wahl von 1920 als «katastrophal», als Indiz für einen von der Bourgeoisie und ihren Verbündeten geführten Klassenkampf gegen die Arbeiterschaft. Er hielt den Aufstieg der Reaktion fest, das Zum-Vorschein-Kommen eines gewalttätigen Antisemitismus, die diversen Anschläge auf die Republik, die nach 1920 in ihrer großen Mehrzahl von rechts verübt wurden. Jede neue Forderung der Siegermächte stärkte die deutsche Rechte.

Der Erste Weltkrieg hatte das Zeitalter der angelsächsischen Weltherrschaft eingeläutet. Troeltsch hielt es für möglich, daß die Völker Europas in Zukunft im öffentlichen Leben englisch sprechen und nur im privaten Bereich auf ihre Muttersprache zurückgreifen würden. Im Februar 1923, am Vorabend einer Vortragsreise nach England, verstarb Ernst Troeltsch unerwartet im Alter von 58 Jahren. Dank der Kraft seines Denkens und seiner Persönlichkeit hatte er auf Studenten und jüngere Kollegen einen starken Einfluß ausgeübt. Ich kenne keinen anderen Mann seines Standes, Ranges oder Glaubens, der mit den selbstgefälligen «Patrioten» der Weimarer Jahre, auch und im besonderen mit den protestantischen Kirchen, so gnadenlos abgerechnet hat wie Troeltsch.

Von den vier Persönlichkeiten, die hier erwähnt werden, ist Friedrich Ebert wahrscheinlich die umstrittenste. Als Sohn eines Schneiders in Heidelberg geboren, erlernte er den Sattlerberuf, trat in die SPD ein und stieg zu ihrem Vorsitzenden auf. Er war Patriot, zwei seiner Söhne fielen an der Front. Die radikale Linke und große Teile der Rechten ließen kein gutes Haar an ihm. In den Augen der Linken war er ein Verräter an der Revolution, der Mann, der den Angriff der Bluthunde auf Luxemburg und Liebknecht zugelassen hatte, ein Schwächling, der durch seine Zugeständnisse an die Militärs und die Vertreter der alten Ordnung die Revolution preisgegeben hatte. Die Rechte mokierte sich über Eberts bescheidene Herkunft, aus der er keinen Hehl machte. Seine eigene Partei krittelte an ihm herum, und von 1923 an wurde er zunehmend zur Zielscheibe von Verleumdungen und Strafanzeigen. Ebert zu verunglimpfen wurde zum Nationalsport. Im Deutschen gibt es für diese bösartige Gemeinheit den Ausdruck «Rufmord» – während das Englische dafür keine wörtliche Entsprechung besitzt. 1924 strengte Ebert eine Verleumdungsklage gegen eine Zeitung an, die ihn des Hochverrats bezichtigte, weil er im Januar 1918 einen Streik organisiert hatte. Das Gericht verurteilte die Zeitung zu einer geringfügigen Geldstrafe und stellte in der Urteilsbegründung fest, das Verhalten Eberts lasse sich durchaus als landesverräterisch im strengsten Sinn des Wortes interpretieren. Die Diffamierungskampagne gegen die Republik hatte einen Sieg mit Signalwirkung errungen. Ebert sah sich gezwungen, in die Berufung zu gehen, verschob eine Operation und starb im Februar 1925 eines plötzlichen Todes im Alter von nur 54 Jahren, der erste – und vielleicht einzige – demokratische Präsident der Weimarer Republik.

Nach Ansicht von Thomas Mann hatten die «zügellosen Verunglimpfungen» den Boden für Eberts tödliche Krankheit bereitet. Er prophezeite, daß die Menschen Ebert tiefer betrauern würden, als man es zu seinen Lebzeiten habe erwarten können. «... seine klug zurückhaltende Repräsentation, seine stille vermittelnde und mäßigende Tätigkeit haben viel Vertrauen, viel ruhige Zuneigung, kurz eine unausgesprochene Popularität gezeitigt, die jetzt als Gefühl der Entbehrung sich ihrer bewußt wird. Die Frage der Nachfolge ist schwierig, aber ich halte den Wunsch für vorherrschend, der neue Präsident möge dieselben Eigenschaften aufweisen, die Ebert auszeichneten.»[28] Der altehrwürdige Hindenburg mochte eine Menge Vorzüge besitzen, aber es waren nicht die eines Friedrich Ebert. (Anders als Ebert, hielt Hindenburg vor allem treu an seiner Gewohnheit fest, untreu zu werden. Er war dem Kaiser untreu geworden, er ließ die Rechte im Stich, die ihn 1925 wählte, und zeigte sich schließlich auch illoyal gegenüber der Linken, die ihn 1932 wiederwählte.)

Der schwerste Schlag für die Weimarer Republik war jedoch der Tod Gustav Stresemanns, der im Oktober 1929 mit 51 Jahren verstarb – wenige Tage vor dem «schwarzen Freitag» an der Wall Street, der die Weltwirtschaftskrise auslöste. Auch Stresemann ist eine umstrittene Figur. (Ich selbst habe meine Meinung über ihn geändert, seit ich in den 1950er Jahren erstmals über ihn schrieb.)[29] Getrieben von einem Gemisch aus Ehrgeiz und Realismus, vollzog er die Wandlung vom Erz-Annexionisten und Ludendorff-Statthalter zum «Vernunft-Republikaner», der die neue Ordnung, wenn auch widerstrebend, unterstützte. (Um noch einmal auf eine verblüffende Analogie zurückzukommen: Rabin beantwortete, kurz bevor er ermordet wurde, die Frage eines schwedischen Gesandten mit den Worten: «Nein, ich bin nicht bekehrt, ich bin überzeugt.») Stresemann war in diesem Sinn ein überzeugter Republikaner, ein überzeugter, guter Europäer, der zu einem noch besseren Deutschen wurde. Die friedliche Revision des Versailler Vertrages, die Wiedergewinnung der vollen Gleichrangigkeit Deutschlands, schließlich die Revision der deutschen Ostgrenzen – das waren seine Ziele. Er vertrat sie mit außerordentlichem Erfolg. Fünf Jahre lang war er ein für Deutschland unersetzlicher Außenminister, der Partner der Engländer bei der Aushandlung der Abkommen von Locarno, die die bestehenden Grenzen im Westen garantierten, die deutschen Ostgrenzen dagegen ohne internationale Garantien ließen. Kein Wunder, daß der polnische Präsident, Marschall Pilsudski, auszurufen pflegte: «Wenn ich das Wort Locarno nur höre, spucke ich aus.» Rechtsextreme Deutsche spuckten aus anderen Gründen aus. Stresemann erhoffte eine deutsch-französische Aussöhnung und sah in seiner persönlichen Beziehung zu Aristide Briand den Beginn einer Verständigung. Er führte Deutschland in den Völkerbund, schloß aber auch Abkommen mit der Sowjetunion, was in den Augen mancher seiner Kritiker den Verdacht der Doppelzüngigkeit begründete. In seinem Herzen war Stresemann ein deutscher Nationalist. Er betrieb eine Politik, die die Sozialdemokraten aus eigenen Stücken niemals hätten durchsetzen können, für die er aber ihre Unterstützung brauchte – und die ihm den giftigen, organisierten Haß der Rechten eintrug, einschließlich des rechten Flügels seiner eigenen politischen Gruppierung, der rechtslastigen Deutschen Volkspartei. Ein populärer Gassenhauer aus jener Zeit brandmarkte ihn als Verräter und wünschte ihm den Tod an den Hals. Ich glaube, man kann getrost behaupten, daß die zunehmend schärfer werdenden Auseinandersetzungen in seiner eigenen Partei und die unablässigen Schmähungen, die das rechte Lager gegen ihn vom Stapel ließ, ihre kumulative Wirkung auf ihn nicht verfehlten; er starb als gezeichneter, verschlissener Mann. Die zunehmend aggressivere Anti-Stresemann-Kampagne zeugte von einer Radikalisierung des antirepublikanischen Kampfes der deutschen Rechten, die sich so in ihrer ganzen gewalttätigen Irrationalität und autistischen, fremdenfeindlichen Arroganz offenbarte.

Der Tod Stresemanns schockierte Deutsche und Europäer gleichermaßen. Harry Graf Kessler, der bedeutende Tagebuch-Chronist der Weimarer Republik, äußerte die Befürchtung, der Tod Stresemanns werde den Weg in eine Diktatur ebnen: «Es wird jetzt mit allen Mitteln versucht werden, das Bild Stresemanns ins Antirepublikanische, Chauvinstische umzufälschen, um das moralische Kapital, das er hinterlassen hat, für die Rechte zu retten.» Unter Hinweis auf das trauernde Europa schrieb Kessler, Stresemann sei «der erste, der als wirklich europäischer Staatsmann in Walhalla eingeht».[30]

Weniger als ein Jahr später, nach der katastrophalen Wahl vom September 1930, in der die Nationalsozialisten ihren Durchbruch an der Wahlurne erzielten, rief Thomas Mann das deutsche Bürgertum auf, sich hinter die Sozialdemokratie zu stellen. Die neue Barbarei, die ihn so beunruhigte – mit ihrem Verlangen nach Gemeinsamkeit statt Freiheit und nach bedingungslosem Gehorsam und Terror – hatte sich in den Tiefen des deutschen und europäischen Bewußtseins schon vor dem Krieg geregt, doch die große Katastrophe hatte dafür gesorgt, daß jetzt vor allem junge Deutsche davon befallen wurden. Mann erinnerte daran, wie Europa den Tod Stresemanns betrauert, wie Stresemann das Vertrauen der Europäer gewonnen hatte, die wußten, daß er Deutschland von den Fesseln des Versailler Vertrages befreien wollte, und die, so vermutete Mann, diese Befreiung unbewußt selbst wollten. Der frühe Tod Stresemanns sei, schrieb Mann, «ein echt deutsches Mißgeschick, ohne das uns vieles erspart geblieben wäre».[31] Mann war ein meisterhafter Analytiker des Todes und war sich dessen auch bewußt: Eine seiner ersten Erzählungen handelte von den düsteren Todesahnungen eines Mannes.[32] Thomas Mann war fasziniert und betroffen von dem, was er die «erhabene Morbidität von Wagners Tristan-Musik»[33] nannte und was ein Teil des kulturellen Erbes war, aus dem die deutsche Rechte ihre Kraft sog. Aber der Tod Stresemanns *war* in der Tat ein deutsches Unglück.

Und es war nicht das einzige. Der Tod in Weimar war ein verstockter Antirepublikaner. Vergegenwärtigen wir uns zum Vergleich die außergewöhnliche Langlebigkeit von vier Männern, die zu den mächtigsten Feinden der Weimarer Republik gehörten: Alfred von Tirpitz, Paul von Hindenburg, Wilhelm II. und Alfred Hugenberg, die alle weit über 80 Jahre alt wurden. Und während Ludendorff 1937 im Alter von 72 Jahren starb, weilte seine Frau Mathilde, deren Phantasieproduktionen die seinen an Bösartigkeit weit übertrafen – man denke nur an ihre «Enthüllung»,

Goethe habe Schiller aus freimaurerischer Eifersucht ermordet –, bis 1966 unter den Lebenden und wurde 89 Jahre alt.

So sehr mir die traditionelle deutsche Neigung zuwider ist, den Tod zu mystifizieren (und ihn damit oft auch zu trivialisieren), so schwer fällt es mir andererseits, die Vorstellung abzuwehren, der frühe Tod der vier Männer, von denen ich gesprochen habe, sei nicht zuletzt auch eine Folge psychischer Belastungen gewesen, die wiederum nicht zuletzt eine Folge der Weimarer Zustände waren. Was die beiden Politiker unter ihnen betrifft, so kann man wohl, ohne den Tod zu mystifizieren, sagen, daß die bösartigen Attacken und Diffamierungskampagnen, denen sie ausgesetzt waren, zu ihrem vorzeitigen Tod beigetragen haben. Sie starben in einer vergifteten Atmosphäre. Ich weiß, daß die Friedhöfe voll sind mit unersetzlichen Männern und Frauen, und ich will nicht behaupten, daß die deutsche Geschichte ganz anders verlaufen wäre, wenn die genannten vier die 20er Jahre überlebt hätten. Was ich sagen will, ist, daß jeder von ihnen den Gang der Dinge beeinflußt hätte, denn sie alle waren Realisten und hatten die moralische Kraft, die Wahrheit zu sagen bzw. ihr ins Gesicht zu sehen. Das war an und für sich schon eine eher seltene Eigenschaft. Polemiker besaß die Weimarer Republik im Überfluß – talentierte wie Kurt Tucholsky und tapfere wie Carl von Ossietzky –, aber Persönlichkeiten, die bereit waren, die von ihrer eigenen gesellschaftlichen Gruppe geworfenen Nebelvorhänge beiseite zu schieben, Persönlichkeiten, die politische Gefahren erkannten, ohne simplifizierende Rezepte anzubieten, waren eine seltene Spezies. Weber und Troeltsch waren Kämpfer gegen das Übel des Obskurantismus, in dem Thomas Mann eine der größten Gefahren seiner Zeit sah.

Die Weimarer Republik verfügte nur über wenige Persönlichkeiten, die Autorität ausstrahlten, und über noch weniger Staatsmänner, die den von Max Weber in «Politik als Beruf» aufgestellten Maximen genügten. Wir wissen, daß auch andere Länder sozusagen im Schatten des Todes entstanden sind – man denkt sogleich an Israel und Indien – oder schreckliche Aderlässe erlitten haben – ich brauche nur an mein eigenes Land zu denken, an den Bürgerkrieg und die Ermordung Lincolns, oder an die schrecklichen politischen Morde der 60er Jahre unseres Jahrhunderts, und ich glaube, nur die wenigsten würden bestreiten, daß die amerikanische Geschichte ohne diese Morde sich radikal anders entwickelt hätte. Andererseits dürfte es in der Geschichte nicht allzu oft vorgekommen sein, daß ein neu und noch unsicher im Sattel sitzendes Regime während der ersten zehn Jahre seines Bestehens einige seiner wichtigsten Stützen durch Mord oder frühen, politisch induzierten Tod verlor, was im Falle Weimars eine Intensivierung des allgemeinen Gefühls der Instabilität und Anfälligkeit bewirkte. Denkt man an die Lasten Weimars, so sind die Leistungen umso eindrucksvoller.

Am Ende wurde Weimar selbst vom Tod ereilt – der genaue Todeszeitpunkt und die eigentliche Todesursache sind freilich in keinem Totenschein vermerkt. Der Geist Weimars sucht uns weiterhin heim, warnend vor der Macht brutalisierter Unvernunft in einer radikal entzweiten Gesellschaft.

# Die erzwungene Verlogenheit

Daß die friedlichen Revolutionen des Jahres 1989 ruhmreich und bedeutungsvoll waren, wurde sofort erkannt. Heute, da die Nationen beim Aufbau neuer Institutionen und bei der Bekämpfung wirtschaftlicher Notlagen mit gewaltigen Schwierigkeiten zu kämpfen haben, ist die Euphorie verflogen. Es war wunderbar ermutigend, kommunistische Regimes zu zähmen oder zu stürzen; es ist schwierig, Marktwirtschaften und liberale Staatswesen zu schaffen und sich an sie anzupassen. Für Osteuropäer – von den Völkern der früheren Sowjetunion ganz zu schweigen – sind die täglichen Kämpfe und Entbehrungen, die neuen Konflikte und Korruptionen entmutigend. Die westlichen Nationen scheinen sich in der Düsternis von Rezession und politischer Apathie festgefahren zu haben; eben diese Nationen, darunter auch die Vereinigten Staaten, waren großzügig mit ihrem Lob für den Osten, aber zurückhaltend mit Hilfe. Und dennoch: Was in Polen, in Ungarn und der Tschechoslowakei (und auf eine ganz andere Weise in Ostdeutschland) geschehen ist, hatte Größe; trotz aller Unsicherheiten wissen wir, daß der Prozeß der Selbstbefreiung vom Kommunismus unumkehrbar ist.

Ich glaube, daß die Ereignisse von 1989, sieht man sie in einer längerfristigen historischen Perspektive, noch größere Bedeutung erlangen werden: Damals waren sie dramatisch, heute sind sie historisch. Ich betrachte 1989 als ein Datum, das in der Geschichte Europas ebenso wichtig ist wie 1914 – denn es hat die Epoche beendet, die damals begann. Der Erste Weltkrieg, der eine eskalierende Gewalttätigkeit legitimierte, war der Anfang einer Kette von Greueltaten, die von Nationalstaaten begangen wurden, und diese Kette wurde bis zum absoluten Extrem getrieben, als zwei große ideologische Bewegungen, die aus dem Krieg hervorgegangen waren, den Staat an sich rissen und die für unser Jahrhundert charakteristische Form der Tyrannei, den Totalitarismus, errichteten. Die Kriegsmaschinerien schufen immer neue Mittel, um Menschen zu verstümmeln und zu töten – und unweigerlich warf das Gemetzel die elementarsten Fragen auf und verhinderte auf tausend Weisen Antworten auf sie. Die Regierungen mußten ihre Bevölkerung täuschen – und ihre Bevölkerung wollte getäuscht werden, zumindest zum großen Teil. Haßerfüllte Unwahrheiten wurden ausgebrütet, um die vielgeprüften, leidenden Völker Europas aufzurütteln oder zu trösten. Sie verwirrten sie noch mehr. Doch ein brutales Morden verlangte einen brutalen oder zumindest einen betäubten Geist.

Im Jahre 1917 ergriffen die Bolschewisten in Rußland die Macht, und sie waren fest davon überzeugt, daß der Krieg der Nationen in den historisch vorgeschriebenen Konflikt, in einen Krieg der Klassen verwandelt werden mußte; anders formuliert, der nationale Krieg war nach bolschewistischer Lehre aus dem eigentlichen, unterirdischen Krieg hervorgegangen, den er aber verbarg; ein Ende des imperialistischen Krieges würde den Beginn des wirklichen Bürgerkrieges signalisieren. Im gleichen Jahr traten die Vereinigten Staaten, von deutscher Macht herausgefordert, in den Krieg ein, und Wilson und Lenin eröffneten einen Zweikampf um Geist und Seele Europas. Nach 1945 standen sich die beiden Mächte über einem am Boden liegenden Europa direkt gegenüber – und trotz aller kurzen Phasen der Entspannung und der friedlichen Koexistenz war der Kampf auf beiden Seiten manichäisch. Im Jahre 1989 brach der Kommunismus zusammen – inzwischen ist er nahezu begraben –, und das anscheinend starke und siegreiche Amerika, das seine eigenen riesigen Defizite angehäuft hat, die weit über das Materielle hinausgehen, sah seine Macht, seinen Einfluß und seine Interessen, ja sogar seine Rolle in Europa geschmälert. Nach 1989 schien der Aufstieg eines neuen, autonomen Europa – das endlich das gesamte historische Europa umfassen würde – möglich. Dies gilt noch immer, auch wenn Europas schmähliche Unfähigkeit zum Handeln in dem Bürgerkrieg, der das ehemalige Jugoslawien zerstört hat, einer Bankrotterklärung gleichkam.

Wie haben sich die Völker Osteuropas von Strukturen und Kontrollen befreit, die so lange Zeit als unangreifbar gegolten hatten? Wie bei allen großen historischen Umwälzungen werden die Historiker das Zusammenwirken zahlreicher Faktoren ausmachen – doch zunächst einmal ist festzuhalten, daß die kommunistische Herrschaft in Osteuropa niemals echte Legitimität erlangt hat und eine versagende Wirtschaft einem Geist der Opposition, der nie völlig unterdrückt war, zusätzliche Stärke verlieh. Der Niedergang der sowjetischen Autorität begann in der Breschnew-Ära: Die nicht zu unterdrückenden Stimmen von Dissidenten, das Auftreten eines polnischen Papstes, die unermeßlichen Kosten des Krieges in Afghanistan und der

Rüstungswettlauf mit den technologisch überlegenen Vereinigten Staaten, die Einsicht Gorbatschows, daß «Glasnost» eine Voraussetzung für wirtschaftliche Gesundung war, und der Magnet des vielbeschworenen Europa '92 – das sind einige der Faktoren, die künftige Historiker zu würdigen haben werden.

Ich möchte hier hervorheben, was meiner Meinung nach das Hauptthema der Führer der Revolution war. Václav Havel hat es formuliert: Daß Männer und Frauen das Recht haben müssen, «in der Wahrheit zu leben». (So lautet auch der Titel seines 1989 in Hamburg erschienenen Buches.) Dies war, glaube ich, die gemeinsame Inspiration der osteuropäischen Gegner der sowjetischen Tyrannei, und sie alle spürten, daß die Befreiung friedlich sein mußte – um Leben zu schützen und um weitere Runden von Gewalttätigkeit und Unwahrheit zu verhindern.

Ich war von den Selbstbefreiungen des Jahres 1989 begeistert; ich sah sie als die erste friedliche, ruhmreiche Revolution in unserem dunklen Jahrhundert. Der Runde Tisch, das Bürgerforum, die disziplinierten Tausende auf den Straßen – das alles waren spontane Ansprüche auf Emanzipation, war der Wunsch nach Freiheit und Würde. Diese sanften Revolutionen von Dichtern und Intellektuellen verliehen den Millionen, die sie unterstützten, eine Stimme. Am stärksten beeindruckte mich die Stimme Havels. Er war ein Chronist des geistig Unerträglichen. Als ich sein trotziges Beharren darauf hörte, daß Menschen «in der Wahrheit leben» müssen, wurde mir erneut deutlich, daß es genau dies war, was so vielen Menschen in den Jahrzehnten nach dem Ersten Weltkrieg versagt worden war; daß die Repression die Signatur der Ära war – ich hatte sie in meiner Kindheit und frühen Jugend erfahren. Die Worte Havels beeindruckten mich, weil sie Erinnerungen an das Leben unter der erzwungenen Verlogenheit des Nationalsozialismus, an das Doppelleben wachriefen: Schweigen in einer Schule, in der Klassenkameraden und Lehrer fröhliche Nationalsozialisten waren, mit allen doktrinären und symbolischen Ausdrucksformen, die dazugehörten. Und zu Hause die geflüsterte – und zweifellos partielle und verzerrte – Wahrheit oder das Korrektiv, eine Wahrheit, die durch Vorsicht gemildert war. Ich war einem derartigen gefährdeten Doppelleben doch zumindest nahegekommen: Wie konnte man nicht Mitgefühl mit Menschen empfinden, die seine Fesseln abschütteln wollten – und das nicht im Exil, sondern in ihrem eigenen Land? Die Worte Havels lieferten einen Schlüssel zum Verständnis und zur Erklärung dessen, was meines Erachtens wahr war: die Kontinuitäten, die diese Jahre kennzeichneten.

Die geistigen Führer des Jahres 1989, von denen viele ehemalige Dissidenten waren, die man häufiger wegen ihrer Worte als wegen ihrer Taten ins Gefängnis geworfen hatte (in jenen Tagen waren Worte Taten), rebellierten gegen die erzwungenen Verlogenheiten, die dogmatischen Unwahrheiten und Verzerrungen. Sie forderten die Wahrheit, sie strebten nach Wahrheit und sahen sie als unentbehrlich für jeden politischen und moralischen Wiederaufbau an. Havel, Bronisław Geremek, Adam Michnik und andere schrieben, was viele Menschen *empfanden* und was sie dazu trieb, Risiken einzugehen und auf die Straße zu gehen: Sie wußten, daß ihr Leben durch offiziell erzwungene Lügen, durch eine korrupte und im Niedergang befindli-

che Partei, die ein Monopol auf die Wahrheit bean-
spruchte, korrumpiert wurde. Natürlich rebellierten
die Menschen auch gegen die unerbittliche Freudlosigkeit des Alltagslebens, gegen die Einkerkerung im So-
wjetblock, aber sie handelten aus einem tiefen Abscheu
gegen die täglichen Lügen der erzwungenen Orthodoxie, gegen das, was George Orwell schon vor langer
Zeit als die Korrumpierung der Sprache durch die Partei erkannt hatte, gegen das, was Havel als «auswei-
chendes Denken» bezeichnete. Die täglichen Kompromisse wurden unerträglich, und ebenso das Gefühl,
daß die eigenen Kinder durch ein Zerrbild der Wahrheit indoktriniert wurden.[1]

Dieser erklärte Hunger nach Wahrheit und diese
Festlegung auf Gewaltlosigkeit erlauben uns zu sagen,
daß 1989 das Ende einer Ära in der europäischen Geschichte markiert, die von beispielloser Gewalttätigkeit und Unwahrheit gekennzeichnet war. Der Erste
Weltkrieg erlebte die Perfektionierung lügnerischer
Propaganda, und er schuf die Voraussetzungen, unter
denen sich die totalitären Regimes zu etablieren ver-
mochten, unter denen sie alle Machtmittel einsetzen
konnten, um die Wahrheit zu kontrollieren und zu
verzerren, um Gewalt zu predigen, damit sie praktiziert wurde. Ich glaube, daß diese Kette von Gewalt
und Unwahrheit 1989 zerrissen wurde.

Gewiß muß sogleich eine Einschränkung ange-
bracht werden: Natürlich haben unwahres Dogma und
subversive Abweichung immer existiert. Verstellung
findet sich in der Natur, und sie gilt sogar als Teil des
Evolutionsprozesses.[2] Lügen sind ein Teil des Lebens,
trotz der moralischen und pragmatischen Mißbilli-
gung, der sie unterliegen. Doch es hat in der Geschich-

te Zeiten gegeben, in denen Verstellung zu einem kollektiven und daher historischen Phänomen geworden ist. Eine religiöse Orthodoxie, die mit Werkzeugen wie der Inquisition durchgesetzt wurde, hat Konformismus befohlen – und rivalisierende Glaubensrichtungen in Tod oder Verleugnung getrieben und in Verstellung als ein Mittel, um am Leben zu bleiben.[3] Daß das Lügen ein Teil der Staatskunst ist, ist in dem modernen Gedanken der Staatsräson enthalten – die Verbindung zwischen Mord und Verlogenheit war eines der beherrschenden Themen Shakespeares.

Die meisten von uns glauben an irgendwelche Unwahrheiten oder Halbwahrheiten, ob wir sie nur erben oder uns aneignen, ob sie gemeinschaftlich oder zutiefst persönlich sind. Wir haben vielleicht sogar das Gefühl, daß manche Halbwahrheiten das sind, was Edmund Burke als «angenehme Illusionen» bezeichnet hat. Die Unterdrückung der Wahrheit als individueller Akt kann lebenserhaltend oder lebenszerstörend sein, aber eine Zwang ausübende Staatsmacht, die eine Orthodoxie durchsetzt, ist immer tödlich für die Ketzer – und für jegliche Gesellschaft. Natürlich glaubten viele Bolschewisten und Nationalsozialisten an ihre Wahrheiten; sie glaubten so stark oder so wenig an sie, daß sie alle anderen Wahrheiten verboten. Die Furcht vor Ansteckung durch eine andere Version der Wahrheit ist der Auslöser für die Einsetzung von Terror. Ich weiß, daß «Wahrheit» ein philosophisches Problem ist, aber die Verdrehung oder Unterdrückung anerkannter Wahrheiten sind leicht zu erkennen, besonders da sie mit der Verfälschung oder Auslöschung der Vergangenheit verbunden sind. In den kommunistischen Ländern wurden die täglichen Umschreibungen und Euphemismen der Partei als zerstörerische Lügen erfahren.

Wurde die Forderung nach Freiheit im Europa der Aufklärung als Idee formuliert, so erlebte sie im liberalen Europa des frühen 19. Jahrhunderts eine Annäherung an die Realität – wobei unter Freiheit damals politische Verhältnisse verstanden wurden, die Redefreiheit, Toleranz, Heteroxie gewährten, möglichst verfassungsmäßig abgesichert, mit einer unabhängigen Justiz, die diese Rechte schützte. Wissenschaftlicher Fortschritt, der auf rationalen Experimenten beruhte, stärkte und rechtfertigte diesen Glauben an die Wahrheit. Ich will nicht behaupten, daß in der damaligen Zeit Machthaber oder herrschende Klassen oder Historiker nicht die Wahrheit gebeugt, nicht auf nationalistischen Dogmen und Schlagwörtern beharrt hätten, aber in den meisten fortgeschrittenen Ländern genossen Minderheitenpositionen einen gewissen Schutz. John Stuart Mill schrieb diese liberalen Einstellungen nicht nur vor, sein ganzes Denken verkörperte sie. Die große liberale Leistung, die nie unangefochten blieb, war, daß man den Staat dazu veranlaßte, die Legitimität einer gesetzlichen Opposition und einer freien Presse zu akzeptieren. Diesen Rechten, die in der amerikanischen Bill of Rights zusammengefaßt sind, näherte man sich auch in Teilen Europas an. Die liberale Forderung ging dahin, daß ein Widerstand gegen die Orthodoxie kein Martyrium mehr zur Folge haben sollte.

Doch die liberal-rationale Welt war auch, wie Max Weber gesagt hat, eine «entzauberte Welt». In einer Welt, in der Gott tot ist, gibt es psychologisch-intellektuellen Raum für neue pseudoreligiöse Mythen, und die «entzauberte» Welt vor 1914 war voller Mythen und Erfindungen.[4] Es gab wiederholt Versuche, die Wahrheit zu unterdrücken, von denen der berüchtigtste die Affäre Dreyfus war, die damit endete, daß entschlossene Persönlichkeiten, welche die Instrumente einer liberalen Gesellschaft, eine freie Presse, einsetzten und der Wahrheit Geltung verschafften. Allein die Arroganz der Europäer auf dem Höhepunkt ihrer Weltmacht war mit Täuschungen verbunden: beispielsweise mit der Annahme der rassischen Überlegenheit der Weißen im Gegensatz zu Rousseaus einstigem Bild vom «edlen Wilden». Das kaiserliche Deutschland, das mächtigste Land Europas, war mit Herrschern gesegnet, die sich in halsstarriger Selbsttäuschung gefielen und eine gewaltig übertriebene Furcht vor Feinden im In- und Ausland schürten. Sie glaubten, die – reformistischen – Sozialisten seien Revolutionäre und fremde Mächte kreisten Deutschland ein. Doch gegen die Kräfte der Unterdrückung und der Verlogenheit traten korrigierende, reformierende Gegner auf. Um nur ein Beispiel zu nennen: Solange der französische Sozialistenführer Jean Jaurès lebte, blieb keine politische Unterdrückung unwidersprochen. Er wurde nur wenige Stunden vor Ausbruch des Ersten Weltkrieges ermordet.

Der Erste Weltkrieg war die große Verleugnung Europas. Der Staat mobilisierte Männer und Frauen auf Kriegsdauer, er reglementierte das nationale Wirtschaftsleben und suchte den Geist der Menschen einzufangen oder zu kontrollieren, dies vielleicht ganz besonders in Deutschland. Das große Maß des Hasses und der entfesselten Aggression ging am 11. November 1918 nicht zu Ende, und das war auch nicht möglich. Es gab nach Versailles keinen geistigen Waffenstillstand, keinen intellektuellen Frieden. Ein geschwächtes und tief gespaltenes Europa schuf die Voraussetzungen dafür, daß der Totalitarismus, daß extremistische Traditionen in Rußland und Deutschland die Oberhand gewannen.

Sowohl der Bolschewismus als auch der Nationalsozialismus hatten tiefe Wurzeln in widerstreitenden geistigen Traditionen des 19. Jahrhunderts. Nachdem sie einmal an der Macht waren, predigten und praktizierten diese Bewegungen ein ideologisches Kämpfertum; Todfeinde verdienten es ihrer Ansicht nach, daß man sie eliminierte, damit eine utopische Vision verwirklicht werden konnte. Beide Regimes führten staatlichen Terror ein. Dieser Terror war öffentlich, weil er einschüchtern sollte, aber auch versteckt; die Nationalsozialisten mordeten oft bei Nacht und Nebel. Die Nähe der beiden Regimes zueinander – die so lange Zeit und von so vielen bestritten wurde – ist jetzt zu einer Art konventioneller Wahrheit geworden, die uns ihrerseits blind machen kann für die Unterschiede, die es gegeben hat.

Ich spreche von der organisierten Lüge, und ich will versuchen, an die vielen verschiedenen Erscheinungsformen der Unterdrückung oder Verzerrung von Wahrheit zu erinnern. Ich werde mich besonders auf Deutschland, die entscheidende Macht in Europa, konzentrieren, auf das Land, das seit dem Ersten Weltkrieg einer Abfolge von Lügen ausgesetzt war; ich werde die 1919 getroffene Entscheidung der demokratischen deutschen Regierung erörtern, diplomatische Dokumente, welche die besondere Verantwortung des kaiserlichen Deutschland für den Ausbruch des Krieges bewiesen hätten, *nicht* zu veröffentlichen – eine Unterdrückung, die den Mythos von Deutschlands absoluter Unschuld gedeihen ließ. Auch die Bolschewisten waren von Anfang an doppelzüngig, und sie behaupteten, daß Doppelzüngigkeit eine Waffe der «Wahrheit» gegen ihre unversöhnlichen Feinde sei. Sie veröffentlichten zwar Geheimverträge, die ihre unmittelbaren Vorgänger belasteten, aber sie hatten keinen Glauben an so etwas wie Wahrheit, die sie ja für klassengebunden hielten; die Wahrheit wurde das, was die Partei entschied – daher war sie unendlich biegsam, zugleich aber jedesmal der absolute Kanon. Die Nationalsozialisten verwendeten eine andere Sprache, aber auch ihnen war daran gelegen, ihre Feinde – Juden, Liberale, Sozialisten – als Ausbeuter und Plünderer zu «entlarven». Den politischen Akt des «Entlarvens» kann man als einen pervertierten Tribut an die «Wahrheit» ansehen. (Für die Sowjets wurde das «Entlarven» oft zu einem Vorspiel zur Hinrichtung und nahm daher einen verzweifelt zynischen Klang an.) Der deutsch-sowjetische Pakt des Jahres 1939 war ein Triumph wechselseitiger Verlogenheit; für beide Mächte bedeutete er eine totale Verwerfung ihrer ideologischen *raison d'être*, und keine von beiden glaubte an ihn.

In der Sowjetunion waren die Schauprozesse Mitte der dreißiger Jahre ein diabolisches Zerrbild der Wahrheit, und sie erleichterten die Massenmorde jener Zeit. Oder denken wir an das Massaker von Katyn; die Polen wußten immer, daß die Sowjets ihre Offiziere ermordet hatten, aber nach dem Sieg der Roten Armee mußte man sich der sowjetischen Lüge, wonach die Deutschen schuldig waren, in jeder Schule und bei jedem öffentlichen Anlaß unterwerfen. Über Katyn schrieb 1958 Lionel Trilling: «Das waren die Fakten, allesamt deutlich erkennbar. Doch es ist charakteristisch für eine gut entwickelte Ideologie, daß sie die primitive Kraft des Faktums schwächen oder zunichte machen kann.»[5]

Nach 1945 wollten sich die betäubten und erschöpften Europäer nicht mit der Vergangenheit auseinandersetzen. Die Deutschen lebten zunächst in einer gewollten Amnesie: Sie konnten über den Zusammenbruch eines Regimes, an das so viele geglaubt hatten, nicht trauern; sie konnten den Blick nicht auf ihre eigene Komplizenschaft richten. Schweigen und Verleugnung waren die ersten Reaktionen, und ebenso war es in einigen der Länder, die Deutschland für kurze Zeit erobert hatte. Mythen und Alibis verschleierten die entzweiende Wahrheit von Verbrechen und Schuld der Vergangenheit. Und Historiker bedienten – wie es davor und danach so häufig der Fall gewesen ist – eher die nationalen Mythen, als daß sie sich ihnen entgegenstellten.

Es gibt viele verschiedene Verfahren, die Wahrheit zu unterdrücken, und Lügen bringen Lügen hervor. Während all der schrecklichen Jahre von 1914 bis 1989 suchten Männer, welche Macht ausübten, sich auf Verlogenheit und Gewalt zu stützen, wobei die eine auf die andere angewiesen war, um schon im Vorfeld jede Infragestellung ihrer Macht zu vernichten. Das gelang ihnen nie vollständig: Auch das ist ein Teil der Geschichte, ein Teil unserer Erinnerung.

Der Terror begann mit dem Ersten Weltkrieg. Der August 1914 war ein Augenblick beispielloser Begeisterung, vor allem in Deutschland, wo der Krieg als Befreiung von vielerlei Angst und Langeweile begrüßt wurde. Viele Deutsche empfanden das erhebende Gefühl der Einheit, dies um so mehr, als selbst die Sozialdemokraten den Krieg unterstützten, den sie als Verteidigungsanstrengung gegen das zaristische Rußland, das Bollwerk der Reaktion, ansahen. Doch in jedem Land gab es anfangs ein spontanes Gefühl, daß der Kriegsdienst heilig sei. Die Diener Gottes stimmten – unter anderen – das Lied von der Heiligkeit des Opfers an und segneten so das Gemetzel.[6]

Regierungen der nationalen Einheit, wie sie genannt wurden, erkannten, daß man die Gedanken der Menschen – genau wie Güter und Dienstleistungen – mobilisieren mußte. Propaganda und Zensur aller Art wurden eingesetzt: Die Wahrheit – immer das erste Opfer des Krieges – wurde unterdrückt. Der Krieg sah die Geburt der modernen politischen Propaganda, der Verbreitung von Klischees, mit denen die Gedanken der Menschen manipuliert werden sollten. Das Gebot «Liebe dein Land und verteidige es» wurde im Laufe der Zeit zu «Hasse deinen Feind und töte ihn».

Es gab natürlich eine angefeindete Minderheit, die von Anfang an glaubte, daß der Krieg eine Tragödie für die europäische Zivilisation sei. Als sich der Konflikt mit immer größeren Verlusten und ohne eine andere erkennbare Ursache als Gier und Haß fortsetzte, wurden die abweichenden Meinungen allmählich lauter: Arbeiter streikten, und Soldaten meuterten. Die Verfahren der Unterdrückung waren von Land zu Land verschieden, aber überall wich die Spontaneität des Patriotismus einer immer stärkeren Reglementierung.

Die Alliierten attackierten die Härte der deutschen Besatzung und fabrizierten Greuelgeschichten über sie. Die Deutschen haben belgischen Kindern nicht die Hände abgehackt, allerdings haben sie Geiseln erschossen und Hunderttausende von belgischen Arbeitern ins Reich deportiert.[7] Insbesondere für die Briten wurde der hochgeschätzte Deutsche der Vorkriegszeit zum verhaßten Hunnen. Die britische Regierung richtete ein Pressebüro ein, und dieses *Press Bureau* wurde von schlauen Leuten bald in *Suppress Bureau* umgetauft – der Name «Unterdrückungsbüro» hätte ganz allgemein als Bezeichnung für die europäische Zensur dienen können.[8]

Die deutsche Zensur, die sich leicht organisieren ließ, diente der Verheimlichung. Die Menschen sollten nicht wissen, daß die Marneschlacht die deutschen Siegespläne vereitelt hatte. Die Reichsbank verheimlichte ihre katastrophale Inflationspolitik; im Jahre 1915 schrieb Friedrich Bendixen, ein angesehener Bankdirektor, einen Artikel gegen eine Regierungspolitik, deren «Folge ist, daß man uns überhaupt nicht mehr glaubt. So diskreditieren wir durch einen häßlichen Kniff, auf den wir billig verzichten sollten, unsere Aufrichtigkeit und die gesunde Lage der Reichsbank.» Dieser Aufsatz konnte erst 1919 veröffentlicht werden.[9]

Die unter sich zerstrittene Führung mußte ihre gewaltigen Kriegsziele verheimlichen; außerdem fehlte ihr ein universelles Prinzip, um die Opfer zu rechtfertigen, die sie von ihren Bürgern forderte, und die Führer glaubten, nur das Versprechen eines Siegfriedens könne die deutsche Moral aufrechterhalten. Was für eine uneingestandene Verachtung hatten sie für ihr Volk! Diese Herren des militärisch-industriell-agrarischen Komplexes glaubten auch, nur ein totaler Sieg, mit dem sich Deutschland als die unangreifbare Hegemonialmacht in Europa etablieren würde, könne ihre Vormachtstellung bewahren, könne die Verfassungsbestimmungen, auf denen ihre Macht beruhte, erhalten. So kämpften die Führer einen doppelten Krieg: gegen einen Ring von Feinden im Ausland *und* gegen politische Gegner im eigenen Land, welche die Verfassung ändern wollten, um sie von ihren ärgsten undemokratischen Zügen zu befreien. In der Zwischenzeit mußten die Fakten über den Krieg zensiert, mußten Feinde an den Pranger gestellt und imperialistische Kriegsziele verheimlicht werden.

Im Sommer 1917 drangen gemäßigte Politiker im Reichstag erfolgreich auf eine Friedensresolution, die einen «Verständigungsfrieden» forderten. In der dadurch hervorgerufenen plötzlichen politischen Krise sagte Walther Rathenau, ein selbstbewußter Jude, der 1914 das Militär davon überzeugt hatte, daß man mit deutschen Rohstoffen sparsam umgehen mußte, und dem die Bewirtschaftung dieser Ressourcen übertragen worden war, zu Ludendorff, auch er habe seine Zweifel an einem Siegfrieden. Ludendorff beharrte darauf, er sei nicht gegen einen Verhandlungsfrieden eingestellt, aber die Stimmung des Landes sei dagegen. Rathenau antwortete, diese Stimmung sei sorgfältig gezüchtet worden; ihm erscheine die englische Art besser, «dem Volke jederzeit die Schwere der Situation vor Augen zu führen; wir hätten die Stimmung verweichlicht durch dreijährige Irreführungen, mindestens 30 Illusionen seien im Laufe dieser Zeit entstanden und restlos geglaubt worden».[10]

Die Reichstagsresolution erboste die extremen Konservativen, die auf der Stelle eine neue Partei gründeten

– alldeutsch, wild annexionistisch und scharf antisemitisch. Diese Vaterlandspartei gewann schnell eine Million Mitglieder und gefiel sich in Angriffen auf «Schwächlinge der Linken». Die Armeezensur schützte sie bis zu einem gewissen Grade, aber Max Weber warnte vor diesen bramabarsierenden Schwadroneuren, für deren abenteuerliches Programm die Soldaten an der Front ihr Blut vergießen sollten. Die Soldaten, die nach Deutschland zurückkehrten, sollten nicht vor einer Zukunft stehen, in der «die Kriegsgewinnmacher allein die Herrschaft in Händen haben.»[11] Die Vaterlandspartei mit ihren Anhängern in den deutschen Eliten gab einen Vorgeschmack von dem erbitterten Haß, der dann das besiegte Deutschland kennzeichnete.

Im Frühjahr 1918 schienen die Deutschen – und das war zum großen Teil ein Ergebnis der bolschewistischen Revolution – dem Sieg noch einmal nahe zu sein. In Brest-Litowsk diktierten sie den Bolschewisten einen karthagischen Frieden und übernahmen die Kontrolle über weite Teile Osteuropas einschließlich der Ukraine und damit die Aufgabe der Besatzung, so daß nur Teile des Ostheeres nach Westen geschickt werden konnten. Es kam zu einer letzten großen deutschen Westoffensive, und es gelang den Truppen beinahe, Paris zu erreichen. Im Juli war die Offensive zum Stillstand gekommen; im August hatten die deutschen Armeen ihren «schwarzen Tag» gehabt; im September geriet Ludendorff in Panik und forderte die sofortige Einsetzung einer demokratischen Regierung, die auf der Stelle Präsident Wilson um einen Waffenstillstand bitten sollte. Als Ludendorffs Vertreter die Reichstagsabgeordneten in einer Geheimsitzung davon in Kenntnis setzte, daß der Krieg verloren war, daß sich die

Armeen jederzeit auflösen konnten, waren die Abgeordneten betäubt, ungläubig – und viele weinten. Täuschung und willentliche Selbsttäuschung hatten ihr Werk getan; die meisten Deutschen waren der Wirklichkeit entfremdet. Ein Volk war – in jeder Hinsicht – in die Irre geführt worden.

Die ungläubigen Deutschen gaben sich einer neuen Illusion hin: Sie glaubten, Präsident Wilson werde der Garant eines milden Friedens werden. Wilson forderte, Deutschland solle ein zuverlässiges demokratisches System bilden. Während die Kämpfe weitergingen, brach die alte Ordnung schließlich zusammen; der Kaiser floh nach Holland, aber die alten, nunmehr von Furcht ergriffenen Kader blieben an ihrem Platz. Die Sozialdemokraten übernahmen die Macht, aber zu welchem Ziel? Als patriotische Erben eines bankrotten Landes oder als Revolutionäre, die eine neue Ordnung schaffen würden? Am 11. November, als der Waffenstillstand dem Morden ein Ende bereitete, gab es keine Antwort auf diese Frage. Und doch war jener 11. November der letzte Tag weltweiter Freude und Erleichterung.

Die neuen Führer Deutschlands, die den (für den Bürger) bedrohlichen Namen Rat der Volksbeauftragten trugen, erbten Chaos und Haß: Wie konnten sie in einem derart beispiellosen Zusammenbruch, während Millionen Menschen auf den Straßen waren, eine neue republikanische Ordnung errichten? Die meisten deutschen Sozialdemokraten hatten als standhafte Patrioten entsetzliche Angst, daß die politische Umwälzung in einer sozialen Revolution enden könnte. Wir wissen heute, daß die Gefahr eines bolschewistischen Putsches nicht wirklich bestand, aber die Furcht davor verhinderte damals radikale Reformen. Die neuen Herrscher standen auch vor der Frage, die sich in einer solchen Situation unvermeidlich stellt: Wie sollten sie mit dem Versagen und den Täuschungen des alten Regimes umgehen? Was war mit der deutschen Führung der Vorkriegs- und Kriegszeit? Die Niederlage war für die Deutschen schon schwer genug zu begreifen. Es gab spontanen Zorn auf die alten Herrscher, und Offizieren wurden die Epauletten von den Uniformen gerissen. Eine wirkliche Abrechnung mit der Vergangenheit konnte den Zorn in Richtung Revolution treiben – dies jedenfalls dachten einige der neuen Herrscher.

Im November 1918 veröffentlichte Kurt Eisner, ein Unabhängiger Sozialdemokrat, der Ministerpräsident von Bayern geworden war, in abgekürzter Form einige diplomatische Berichte des bayerischen Gesandten in Berlin vom Juli 1914. Sie zeigten einen chauvinistischen, veranwortungslosen Kaiser und eine aggressive deutsche Politik. Es gab einen Aufschrei gegen dieses Vorgehen, das die Leute als einen Verrat Eisners ansahen. Eisner war ja Marxist – und Jude. Deutsche Juden hatten die Gewohnheit, an die Tabus sentimentaler Deutscher zu rühren: Das hatte Marx im Hinblick auf ökonomische Interessen getan, Freud im Hinblick auf die unbewußte Macht sexueller Triebkräfte, und nun tat es Eisner im Hinblick auf die Ursachen des Krieges. Doch die Frage war von zentraler Bedeutung – und der Rat der Volksbeauftragten in Berlin mußte sich damit befassen. Er beauftragte Karl Kautsky, den führenden sozialdemokratischen Theoretiker der Vorkriegszeit, der inzwischen ebenso wie Eisner Unabhängiger Sozialdemokrat geworden war, die Dokumente, die sich auf die deutsche Politik vor Ausbruch des Krieges bezogen, zu studieren und zusammenzustellen. Im März 1919 legte Kautsky der Regierung eine Auswahl von Dokumenten vor, die deutlich machten, daß die deutsche Politik 1914 in den Wochen nach der Ermordung Franz Ferdinands alles andere als friedlich gewesen war. Die Randbemerkungen des Kaisers waren peinliche Zeugnisse von kriegslüsternem Schwulst. Diese Dokumente widerlegten alle deutschen Unschuldsbeteuerungen. Das alte Regime hatte sein eigenes Volk getäuscht.

Während die Alliierten in Paris die Friedensbedingungen ausarbeiteten, trat am 22. März 1919 eine neugewählte deutsche Regierung, die sich auf eine Koalition aus Sozialdemokraten, Zentrum und Deutscher Demokratischer Partei stützte, zusammen, um darüber zu diskutieren, ob diese Dokumente veröffentlicht werden sollten. Reichspräsident Ebert nahm, was ungewöhnlich war, an der Sitzung teil, und überraschenderweise – angesichts seiner konservativen Neigungen – drang er auf Veröffentlichung: «Sünden der alten Regierung aufs schärfste verurteilen. Stellung neuer Regierung in Denkschrift niederlegen.» Eduard David, ein anderer Sozialdemokrat, ein Politiker, der den Krieg unterstützt hatte, sekundierte ihm: «… altes System nicht mehr zu decken. Hauptinhalt der Erklärung in Paris muß sein, daß wir nicht verantwortlich sind für das, was Leute getan haben, auf deren Entschlüsse wir keinen Einfluß hatten. Moralische Schuld lag zum großen Teil auf deutscher Seite.» Eugen Schiffer, ein Demokrat, sprach sich gegen die Veröffentlichung aus, da er die innenpolitischen Rückwirkungen fürchtete – und zunächst setzte sich seine Seite durch. Zwei Wochen später wurde die Frage erneut aufgeworfen, und wieder verlangte David die Publikation mit dem Argument, den Alliierten sei der wesentliche Inhalt dieser Dokumente bereits bekannt; unter diesen Umständen könnten «nur völlige Klarheit und Wahrheit» helfen. Doch der Geist des alten Systems war noch lebendig; die neue Regierung entschied sich dagegen, ihn anzuprangern, dagegen, die belastenden Dokumente zu veröffentlichen.

Im August erörterte der erste Nachkriegsparteitag der Mehrheitssozialdemokraten die Kriegsschuldfrage. Die meisten Redner beglückwünschten die Partei zu ihrem sozialdemokratischen Patriotismus und sprachen sich gegen eine nationale Selbstbeschuldigung aus. Nur der alte friedliebende Revisionist Eduard Bernstein, der sich aus Zorn über den Krieg den Unabhängigen Sozialdemokraten angeschlossen hatte, forderte die Offenlegung und warnte seine Partei davor, Gefangene ihres ursprünglichen Beschlusses zur Unterstützung des Krieges zu bleiben: «Machen wir uns doch frei von den Ehrbegriffen der Bourgeoisie, nur die Wahrheit, die volle Wahrheit kann uns nützen.» Es sollte nicht sein.[12]

Die Konsequenzen dieser Verheimlichung waren überwältigend, während hypothetische Auseinandersetzungen darüber, was vielleicht geschehen wäre, wenn die Regierung die deutsche Verantwortung eingestanden hätte, zwangsläufig spekulativ sind. Doch es ist klar, daß das Schweigen der gesamten nationalistischen Rechten in Deutschland gestattete, die später so genannte Kriegsunschuldlüge zu propagieren. Artikel 231 des Versailler Friedensvertrages, die «Kriegsschuldklausel», erboste Deutsche aller Klassen. Sie glaubten, wenn die Alliierten behaupteten, Deutschland sei für den Krieg verantwortlich, dann müsse das

Gegenteil wahr sein. Der berüchtigte Artikel wurde – so scheint es – von einem jungen Mitglied der amerikanischen Delegation namens John Foster Dulles aufgesetzt; er war ein frühes Beispiel seiner deplazierten moralistischen Tendenzen. Tatsächlich war der Artikel nicht dazu gedacht, die Kriegsschuld festzulegen; als aber die Deutschen Artikel 231 in Frage stellten, erklärte zu ihrem Leidwesen Wilson selbst, die Deutschen seien für den Beginn des Krieges verantwortlich und der Artikel könne nicht gestrichen werden. Es gab keine andere Möglichkeit, als den Vertrag zu unterzeichnen – oder man hätte mit der Wiederaufnahme der Feindseligkeiten rechnen müssen.

Die deutsche Rechte besaß jetzt ein unschätzbares Kapital von lügnerischen Argumenten gegen die Weimarer Republik (oder die «Judenrepublik»), die den schändlichen Artikel unterzeichnet, das Vaterland in den Schmutz gezogen und eine Schuld eingestanden hatte, die angeblich nicht existierte. Für solche Leute bewies allein die Härte des Vertrages, daß sich die Alliierten bereits 1914 gegen Deutschland verschworen hatten. Jetzt konnte die vollständige Anklage gegen Weimar erhoben werden: Marxisten, Pazifisten und Juden hatten nicht nur einer unbesiegten deutschen Armee einen Dolchstoß in den Rücken versetzt, sondern sie hatten auch noch die Ehre der Nation verraten.

Keine Behauptung war für die Republik so schädlich wie diese Unwahrheiten, und keine wurde so weit verbreitet. Hitlers endlose Attacken gegen die «Novemberverräter» stellten sein erfolgreichstes, sein in weitesten Kreisen akzeptiertes nationalistisches Argument dar. Wie vorahnungsvoll ist Bernsteins Brief aus dem Jahre 1924 an seinen alten ideologischen Feind

Karl Kautsky: Die nationalistischen Unschuldsbehauptungen brachten dem Volk bei, daß «die ‹Judenrepublik› und ihre Erfüllungspolitik an allem Übel schuld seien, unter dem Deutschland heute leide. ... Wir gehen dem Staatsstreich der Nationalisten entgegen. ... die aber diesmal obenauf kommen, sind skrupellose, brutale Schurken.»[13] Bernstein starb sechs Wochen, bevor die Schurken 1933 die Macht übernahmen – nicht mit einem Staatsstreich, sondern dadurch, daß sie ein Drittel der deutschen Wähler und einen großen Teil der deutschen Eliten begeisterten oder täuschten. Vier Jahre später erklärte Hitler die Unterzeichnung von Artikel 231 für ungültig, und zwei weitere Jahre später begann er den revanchistischen Krieg.

Es handelt sich hier um einen seltenen Fall, in dem wir rekonstruieren können, wie es zu einer Entscheidung von derartiger Tragweite kam. Wir wissen, daß die Kabinettsmehrheit im März 1919 aus einer Einstellung heraus handelte, die sie für Patriotismus und Umsicht hielt. Sie befürchtete, wenn sie die Wahrheit nicht unterdrückte, würden sich die Rache der Alliierten und die nationalistische Wut der Rechten im Inland verstärken.

Doch man muß die Frage stellen: Hätte die nationalistische Reaktion gegen die Republik überhaupt noch schlimmer sein können, als sie es war? Hätte sie mehr tun können, als sie tat – mit dem Kapp-Putsch 1920, mit der Ermordung ihrer Führer, angefangen mit Eisner, mit dem Anprangern ihrer «Erfüllungspolitik» und mit dem Ausbeuten der lügnerischen Vorstellung von der deutschen Unschuld?

Ebert und seine Anhänger glaubten, das Aussprechen der Wahrheit über den kurzsichtigen Egoismus und die Leichtfertigkeit des alten Regimes hätte die umkämpfte Legitimität der neuen Republik stärken können. Das scheint mir überzeugend, und ich glaube, die dokumentierte Wahrheit wäre – auch wenn sie die Rechte, die durch die Niederlage des Landes und den relativen Niedergang ihrer eigenen Macht verängstigt und erbost war, nicht bekehrt hätte – eine Bremse für ihre Selbstgerechtigkeit gewesen. Das Schweigen der Regierung ermutigte andere dazu, ebenfalls Stillschweigen zu bewahren, und gestattete es einer Art nationaler Verschwörung, an eine fatale Unwahrheit zu glauben.

Auch Historiker nahmen teil an dieser Verschwörung des Schweigens – selbst wenn sie es besser wußten. So schrieb Friedrich Meinecke Ende Oktober 1918 in einem privaten Brief, angesichts der Niederlage würde er sich wie jeder andere einen ehrenhaften Tod wünschen, und er fügte hinzu: «Ein furchtbares, düsteres Dasein erwartet unser unter allen Umständen! Und so sehr mein Haß gegen die Raubtiernatur der Gegner fortlodert, ebenso heiß ist auch mein Zorn und Empörung über die deutschen Gewaltpolitiker, die uns durch ihre Überhebung und ihre Dummheit in diesen Abgrund gerissen haben.»[14]

Derartige Gedanken blieben privater Korrespondenz vorbehalten. Mit wenigen Ausnahmen leugneten deutsche Historiker noch bis weit nach dem Zweiten Weltkrieg eine nennenswerte Verantwortung für 1914. Sie waren empört, als Fritz Fischer 1962 auf der Grundlage neuer Dokumente feststellte, daß Deutschland im Juli 1914 eine aggressive Vorwärtspolitik verfolgt hatte.[15]

Der Erste Weltkrieg hatte Europa brutalisiert, geschwächt und radikalisiert, aber daß es noch weiter in totalitäre Gewalt und Verlogenheit verfiel, war nicht unvermeidlich. Unmittelbar nach dem Kriege gab es sogar Grund zur Hoffnung: Der Versailler Vertrag, wie mangelhaft er auch sein mochte, hatte in Rekordzeit eine neue Ordnung etabliert. Tschechen, Slowaken, Polen und Balten konnten spüren, daß das Wilsonsche Prinzip der nationalen Selbstbestimmung sie befreit hatte. Der Völkerbund bot theoretisch die Instrumente zur Konfliktlösung und für kollektives Handeln gegen Aggressoren. Die frühen zwanziger Jahre waren in vieler Hinsicht ein Höhepunkt für die europäische Demokratie – ein kurzer, wie sich bald herausstellen sollte –, und gegen Ende dieses Jahrzehnts ließen Männer wie Aristide Briand und Gustav Stresemann die Hoffnung keimen, daß der historische Konflikt zwischen Frankreich und Deutschland überwunden werden könnte.

Gleichwohl hatte der Krieg derart tiefgreifende Ressentiments, Befürchtungen und Unversöhnlichkeiten hervorgebracht, und er hatte die materielle und moralische Verfassung Europas so sehr geschwächt, daß Bemühungen um eine Befriedung, die häufig spät und widerwillig unternommen wurden, scheiterten. Die wirtschaftlichen Folgen des Krieges (man denke an die zur Legende gewordene Anprangerung des Versailler Vertrages durch John Maynard Keynes) ließen ein unentwirrbares Gemisch von ökonomischen, politischen und psychologischen Faktoren erkennen. Erneut war die deutsche Erfahrung zentral – und das hatte Auswirkungen, die sich noch heute bemerkbar machen: Kein Ereignis veranschaulichte so nachdrücklich die vielfältigen Unsicherheiten der damaligen Zeit wie die Inflation in der Weimarer Republik. Eine bürgerliche

Regierung enteignete ihre eigene Mittelklasse und machte wahrheitswidrig die alliierten Reparationsforderungen für die Katastrophe verantwortlich. Eine bedeutende Arbeit über die Inflation kommt zu dem Schluß, daß sie «in die politische Kultur Deutschlands gewisse Elemente der Barbarei» einführte, die dazu beitragen können, «die besonders widerliche Mischung von Gleichgültigkeit und Karrierismus [zu erklären], die das Verhalten so vieler Intellektueller im Dritten Reich kennzeichnete».[16]

Während des Krieges war der Geist der Menschen von nationalistischen Einfältigkeiten vergiftet worden; Kriege sind selten Schulen der Komplexität. Kriegsgegner wurden zu militanten Pazifisten oder Antimilitaristen und hatten ihre eigene Sorte von Übeltätern. George Grosz und Otto Dix führten einen erbarmungslosen, brillanten Feldzug gegen Europas alte Kriegerkaste, die in Deutschland besonders verehrt wurde. Dieses Freund-Feind-Denken war der Herausbildung demokratischer Ordnungen kaum förderlich.

Bolschewismus, Faschismus und Nationalsozialismus waren Ideologien, die ein Monopol auf die Wahrheit beanspruchten: Ein Teil ihrer Anziehungskraft lag in der Verheißung absoluter Autorität. Diese anscheinend radikal unterschiedlichen Systeme – der Bolschewismus war «rational» und «wissenschaftlich», der Nationalsozialismus intuitiv-mystisch – zerstreuten Ungewißheiten, indem sie Verschwörergruppen von «Saboteuren» und «Drahtziehern», die Böses verursachten, «entlarvten». Sie alle boten Visionen der Erlösung, des «neuen Sowjetmenschen» oder des «arischen Übermenschen» in einer neuen Volksgemeinschaft. Anhänger des Totalitarismus verherrlichten

Entschlossenheit und fegten Parteien und Parlamente beiseite. Als Diener der Vorsehung oder des historischen Prozesses setzten ihre Führer ihren eigenen Willen zur Macht mit den Diktaten ihrer aggressiven Ideologie gleich. Sie wurden zu rücksichtslosen Kämpfern für ihre utopischen Visionen: Sie töteten aus einer Mischung von Haß, Dogma und einem verzweifelten, paranoiden Willen zur Macht.

Die größte Täuschung, welche diese totalitären Bewegungen hervorbrachten, war der Glaube an ihre radikale Entgegengesetztheit. Faschisten oder Nationalsozialisten waren Antikommunisten, Kommunisten waren Antifaschisten, und sie brachten sich auch gegenseitig um, so beispielsweise im Spanischen Bürgerkrieg. Doch diese geschworene Feindschaft verbarg eine gemeinsame Natur und einen gemeinsamen Haß auf bürgerliches Leben und bürgerliche Werte. Als gemeinsamen Feind hatten sie das liberale Europa und die Menschenrechte. Die Gewißheit ihres unverrückbaren Gegensatzes war eine bedeutende Quelle ihrer Stärke: Jeder lebte vom anderen.

Um zu sehen, wie diese Dynamik funktionierte, müssen wir bis 1917, in das Jahr der Verzweiflung Europas, zurückgehen. Es war dies auch das Jahr, in dem Deutschland – zu schwach, um einen Siegfrieden zu erringen, und zu stark, um einen Verständigungsfrieden zu akzeptieren – den Krieg ausweitete. Indem sie zum unbeschränkten Unterseebootkrieg griffen, glaubten die unter sich gespaltenen Führer Deutschlands, sie könnten Großbritannien aushungern und es zur Unterwerfung zwingen, selbst wenn die Vereinigten Staaten in den Krieg einträten. So war es die deutsche Macht, welche die Vereinigten Staaten nach Europa brachte, genau wie es die deutsche Kriegslist, Lenin zurückkehren zu lassen, dem Bolschewismus gestattete, in Rußland zu triumphieren.

Das eine gewagte Unternehmen kam einem Erfolg erschreckend nahe: Die U-Boote vernichteten fast den britischen Schiffsbestand. Das andere Hasardspiel, die Verfrachtung Lenins, hatte kurzfristig Erfolg. Die Deutschen spielten mit dem Feuer – nur um dann unter dem Brand zu leiden. Durch diese Entscheidungen führten sie unabsichtlich eine neue ideologische Leidenschaft in den Krieg ein: Sowohl Wilson als auch Lenin hatten Visionen, die über die nationalistischen Leidenschaften hinausgingen, welche bis dahin den Krieg geprägt hatten. Unser Jahrhundert – das in so vielfältiger Weise so stolz auf seine rationale Fähigkeit zur Planung, zur Berechnung von Resultaten ist – hat eine beängstigende Abfolge von historischen Entscheidungen erlebt, die mit rücksichtsloser Unbesonnenheit gefällt wurden.

Lenin: eine beherrschende Gestalt, die umstritten bleiben wird, selbst nachdem sein Reich verschwunden ist. Sein Bruder wurde von zaristischen Schlägern umgebracht; in ihm trafen persönliche Gehässigkeit und marxistische Doktrin in ihrer militantesten Form zusammen. Er hegte keine Zweifel, daß er und seine kleine Schar von revolutionären Genossen die Vollstrecker eines historischen Prozesses waren und daß seine Feinde auf dem Müllhaufen der Geschichte enden würden.

Von 1914 bis 1917 widersetzte sich Lenin allen sozialdemokratischen Bemühungen um eine Beendigung des Krieges, da er glaubte, völlige Erschöpfung werde eine proletarische Revolution herbeiführen. Seine Forderung lautete: «revolutionärer Defätismus», und er hatte kein Mitleid mit den Millionen, die weiterhin im Schrecken des Krieges ihr Leben riskieren sollten. Der Krieg war die Lokomotive der Geschichte, die bis zu ihrem vorbestimmten Ende fahren sollte, bis zur Zerstörung der kapitalistisch-imperialistischen Welt – der «sentimentale» Wunsch nach Frieden war nicht seine Sache.

Kaum war Lenin wieder in Rußland, da planten er und seine Genossen den Sturz der Regierung Kerenski. Doch er glaubte – und dies galt erst recht für Leo Trotzki und Grigori Sinowjew – nicht an eine lediglich russische Revolution; als im Oktober eine winzige Minderheit die Macht ergriff, da war sie der Meinung, ihr gefährdeter Sieg müßte das Vorspiel zu einer Weltrevolution sein. Zumindest werde darauf eine Revolution in Deutschland folgen, wo ein großes, diszipliniertes Proletariat es schließlich satt haben werde, in einem imperialistischen Krieg aufgeopfert zu werden. Der Bolschewismus war eine Spekulation auf den Bankrott Europas.

Die Aussichten für ein revolutionäres Regime in Rußland waren trostlos; die Aussichten für einen europäischen Großbrand waren scheinbar besser, und die Bolschewisten betrachteten letzteren als das einzige Mittel, um das erstere zu retten. Nur wenige Stunden nach ihrer Machtergreifung gaben sie eine «Friedenserklärung» ab, die – das war charakteristisch – sowohl an die kriegführenden Regierungen als auch an das internationale Proletariat gerichtet war. Sie forderten einen sofortigen Waffenstillstand, dann einen allgemeinen Frieden ohne Annexionen und Kontributionen. Für die Alliierten war dieser Versuch zur Erlösung der Welt absoluter Verrat. Für die deutsche Regierung eröffnete er die plötzliche Aussicht auf einen deutschen Sieg. Für die kriegsmüden Völker Europas und für einige desillusionierte Sozialisten und Intellektuelle ließ er eine neue hoffnungsvolle Note anklingen.

In dieser ersten Stunde entstand das verführerische Bild von einem neuen egalitären Rußland und damit die Verlockung des sowjetischen Systems. Hier war mehr als eine Alternative zur zaristischen Autokratie, zu einem obskurantistischen Reich, das, in den Worten Lenins, einen «Kerker der Nationalitäten» darstellte.[17] Hier war eine Alternative zu einer von Klassenkonflikten geschüttelten imperialistischen Ordnung, die ganz Europa in ein Schlachthaus verwandelt hatte. Hier waren die Erben der Französischen Revolution, welche die nächste Stufe der historischen Entwicklung versprachen: Sozialismus, Egalitarismus, Frieden. War nicht Lenin in seinem einfachen Anzug und seinem einfachen Stil die leibhaftige Antithese zu dem mit Orden behängten General und dem geldstolzen Großindustriellen? Für die, welche nach Glauben hungerten, erschien Lenin als der Emanzipator, der Befreier der Begabten, als der Proletarier (welcher er nicht war) an der Macht. Diejenigen, die ihn – wie Rosa Luxemburg – am besten kannten, ahnten die Wahrheit; ihre Reaktion auf die Oktoberrevolution war zwar wohlwollend, enthielt aber die frühe Warnung, daß «Freiheit ... immer nur Freiheit des anders Denkenden» sei.[18] Das Bild des idealistischen Revolutionärs stand natürlich im Widerspruch zu Lenins brutalem Vorgehen in seinem eigenen Land. Er zweifelte nie, daß die bolschewistische Partei eine Diktatur werde errichten müssen, die für das Proletariat zu handeln habe.[19]

126

Vom allerersten Tag und von seinem ersten Dekret an war der Bolschewismus der große Spalter, der große Täuscher Europas. Seine Feinde beschäftigten sich nur mit seinen Greueln, nur mit seinem Terror, die fast sofort begannen. Seine Sympathisanten klammerten sich an die Rhetorik über seine Endziele und seine egalitäre Verheißung – sie gaben «Reaktionären» die Schuld an dem, was in Wirklichkeit die den Bolschewisten eigene Skrupellosigkeit war.

Die Forderung der Bolschewisten nach universellem Frieden stieß auf taube Ohren; sie mußten um Frieden bitten, aber die Deutschen diktierten einen Frieden, der dem neuen Regime einige der reichsten Teile des alten Rußland raubte. Für Lenin gab es keine andere Möglichkeit, als sich diesen Bedingungen zu fügen, und in seinem heftigsten Streit mit seinen Mitrevolutionären setzte er sich durch. Für ihn war selbst der entsetzlichste Frieden eine Voraussetzung für das Überleben. Seine Politik nahm bereits Stalins spätere Forderung nach «Sozialismus in einem Land» vorweg.

Für einen kurzen Augenblick schien im Jahre 1919 die sowjetische Hoffnung auf eine Kette von Revolutionen Wirklichkeit werden zu können: In Ungarn und Bayern wurden kurzlebige kommunistische Regimes errichtet; in Deutschland gab es kommunistische Aufstände. Innerhalb von wenigen Wochen wurden diese Versuche niedergeschlagen, und ihre einzige bleibende Wirkung bestand darin, daß sie die Furcht der Kapitalisten verstärkten.

In der Tat begegnete die kapitalistische Welt der bolschewistischen Bedrohung mit verzweifeltem Ernst, mit Verachtung und mit Furcht. Die Staatsmänner des Westens schwankten zwischen einer Hoffnung auf

Verständigung und einem Wunsch nach Abwürgen, während die Bolschewisten gleichzeitig eine Anerkennung als normaler Staat anstrebten und als revolutionäre Macht andere Staaten umzustürzen versuchten. Britische und französische Arbeiter hatten in ihren Ländern wenig Verwendung für den Bolschewismus, aber sie waren nicht gewillt, noch ein militärisches Abenteuer, diesmal gegen schwache, aber militante Sozialisten, zu unterstützen. Dennoch intervenierten Frankreich, Großbritannien und die Vereinigten Staaten in Rußland, mit lächerlichen Mitteln und mit Kräften, die viel zu schwach waren, um die Sowjets zu stürzen. Schon allein ihre Anwesenheit bestätigte jedoch die sowjetischen Annahmen, daß ein Kriegszustand notwendig (objektiv, um diesen schrecklichen Begriff zu verwenden) existieren mußte – und sie lieferte den Bolschewisten einen Vorwand, um sich als die unschuldigen Opfer der kapitalistischen Aggression darzustellen.

Lenin sollte herausfinden, daß es, wie er es formulierte, in keinem Land so leicht war, die Macht zu erringen, und so schwierig, sie zu bewahren, wie in Rußland. Im Lande standen die Bolschewisten vor Bürgerkrieg und Chaos. Sie selbst verstärkten das Chaos durch ihre Bemühungen, die Bastionen des Kapitalismus und die bestehenden Eigentumsverhältnisse zu zerstören – all die Zwangsmaßnahmen, die man als Kriegskommunismus bezeichnet. Und wenige Wochen nach der Revolution gründeten die Bolschewisten eine neue Geheimpolizei mit Namen Tscheka, die sie für nötig hielten, weil sie nur von einer kleinen Minderheit unterstützt wurden. Selbst unter dem städtischen Proletariat, das im Vergleich zur Masse der Bauern klein war, gab es nur wenige Bolschewisten, und ehemalige Verbündete (Sozialrevolutionäre und Anarchisten) wurden im Laufe der Zeit verfolgt und beseitigt.

Terror und Verlogenheit wurden zu Instrumenten der sowjetischen Verwaltung: Rußland war zu einer Diktatur geworden – nicht zur Diktatur irgendeiner Klasse, sondern der Partei, die zur letzten, zur einzigen Autorität im Sowjetstaat, zur einzigen Quelle der Wahrheit wurde. Lenin warnte davor, ihre Kader aufzuweichen: «An die Regierungsparteien versuchen sich unvermeidlich Streber und Gauner anzubiedern, die nur verdienen erschossen zu werden.»[20] Per definitionem galt, daß diejenigen, die erschossen wurden, es verdienten, erschossen zu werden. Die meuternden Matrosen auf der Flottenbasis Kronstadt im Jahre 1921, die ermordet wurden, weil sie darauf beharrten, daß Versprechungen einer proletarischen Demokratie eingehalten werden sollten – eben die Gruppe, die Lenin als den «Stolz und Ruhm der russischen Revolution» bezeichnet hatte –, wurden nachträglich als Kleinbürger, Anarchisten oder Konterrevolutionäre verleumdet.[21]

Der schließliche Triumph der Bolschewisten in Rußland hatte überall auf der Welt eine entscheidende und entzweiende Wirkung und führte in den meisten anderen Ländern zu einem latenten Bürgerkrieg. Als die Bolschewisten die Dritte Internationale, die Komintern, gründeten, identifizierte allein deren Name den Hauptfeind: die Zweite Internationale der demokratischen Sozialisten. Mit der Zeit tilgte Moskau alle Spuren von Unabhängigkeit in den kommunistischen Parteien anderer Weltteile; in demokratischen Ländern operierten diese Parteien offen und beteiligten sich an

Parlamentswahlen; überall operierten sie mit verwickelten Netzen von Agenten und Infiltratoren auch im Untergrund.

Ebenso entschlossen waren die geschworenen Feinde des Bolschewismus: Die «feinen Leute» jedes Landes und jeder Kirche wetterten gegen sowjetische Greuel, gegen die gottlosen Banditen, die alle Werte, alle Traditionen und alles, was sakrosankt war, darunter auch das Privateigentum, bedrohten. Anfangs stellten die Entente-Mächte die Bolschewisten als deutschjüdische Agenten dar; die Einschätzung Churchills, die Bolschewisten seien nur «der Pöbel aus den osteuropäischen Ghettos», war durchaus repräsentativ. Der antibolschewistische Feldzug begann also früh, und er nahm überaus grausame Formen an; danach waren die Antibolschewisten in ihren Verleumdungen ebenso ungezügelt wie ihre Feinde.

Der Faschismus kam durch die als solche wahrgenommenen bolschewistischen Gefahren zu voller Entfaltung. Wie sich diese geschworenen Feinde aneinander annäherten und sogar einander dienlich waren, verstanden damals nur sehr wenige Menschen. Seltsamerweise war es ein Bolschewist, N. I. Bucharin, «der Liebling der Partei», der im April 1923 auf dem 12. Parteitag der Russischen Kommunistischen Partei Ähnlichkeiten einräumte. Eine Bourgeoisie, die nicht in der Lage sei, das Wirtschaftsleben ihres Landes zu lenken, suche ihre Rettung, so erklärte er, bei diesen faschistischen Parteien. Bucharin bezog sich insbesondere auf Mussolini sowie auf die Bewegung Hitlers als die wichtigste deutsche faschistische Organisation. Der Faschismus stelle «eine eigentümliche Form [dar], den Bürgerkrieg zu legalisieren. … Charakteristisch für die Methoden des faschistischen Kampfes ist, daß sie sich in größerem Umfang als alle anderen Parteien die Erfahrung der russischen Revolution angeeignet haben und sie in der Praxis anwenden. ... Sie haben die bolschewistische Taktik für ihre eigenen Zwecke benutzt.»[22] Ich weiß von keinem anderen Eingeständnis einer Verwandtschaft aus einer maßgeblichen sowjetischen Quelle.

Die Anziehungskraft des Kommunismus wirkte jahrzehntelang weiter. Die kommunistischen Parteien außerhalb Rußlands zogen Millionen der am meisten unterdrückten Mitglieder des Proletariats an – und zugleich auch einige Intellektuelle. (Die Arbeiterklasse war somit zwischen Kommunisten und Sozialisten gespalten.) Die Bolschewisten konnten auch auf eine große Schar von Sympathisanten unterschiedlich stark ausgeprägter Loyalität zählen, *fellow-travellers*, wie sie in der angelsächsischen Welt genannt wurden. Diese sahen in den Bolschewisten eine Art potentielle Hoffnung, betrachteten sie vielleicht als vielversprechende Barbaren und klammerten sich an die sowjetischen Erfolge, von denen es viele zu geben schien. Dies war der Geist, der den Traktat «Russia: A New Civilization?» der Fabier Sidney und Beatrice Webb beseelte. Zur Psychologie der Sympathisanten gehörte die Sehnsucht nach dem neuen Glauben, der Wunsch, als «fortschrittlich» und als mit der Arbeiterklasse verbunden zu erscheinen. Es war so, wie Czesław Miłosz 1951 formulierte: «Die große Sehnsucht des freischwebenden Intellektuellen ist es, zur Masse zu gehören.»[23]

Der Status eines Sympathisanten der kommunistischen Partei war fast immer mit einer Art emotionaler oder intellektueller Entfremdung von der bürgerlichen

Welt, mit einer tiefsitzenden Abneigung gegen das kapitalistische Leben verbunden. In den dreißiger Jahren erwies sich der antifaschistische Impuls als sehr mächtig: Der Faschismus war der unmittelbare Aggressor. Fast immer gab es bei den Sympathisanten ein gewisses Maß an Selbsttäuschung, einen Wunsch, das nicht zu sehen, was nur zu offenkundig war, das nicht zu glauben, was sichtlich unbestreitbar war.[*]

[*] In der moralisch-intellektuellen Geschichte unseres Jahrhunderts hat das Phänomen des «Gottes, der keiner war» – schon allein die ironische Anrufung einer Gottheit ist bezeichnend – eine zentrale Stellung, und es wird vielleicht lange dauern, bis man diese Erscheinung versteht. Um in meinen Urteilen nicht pharisäerhaft zu erscheinen, möchte ich von meinen eigenen Erfahrungen berichten, wie trivial oder alltäglich sie auch waren. Im Alter von sieben bis zwölf Jahren – das heißt, bis 1938 – habe ich unter dem Nationalsozialismus gelebt; ich erinnere mich an die frühen Opfer des Regimes ebenso wie an die furchteinflößende Inszenierung des Willens und der Macht der Nazis. Doch ich erinnere mich auch an die Erregung, wenn ich heimlich Radio Moskau hörte, an die Faszination, auf deutsch die verbotenen Worte «Proletarier aller Länder, vereinigt euch!» und im Anschluß daran die Internationale zu hören. Der Zwölfjährige glaubte an den Antifaschismus der Kommunisten, und meine Leidenschaften waren ungeteilt auf der Seite der spanischen Loyalisten. Ich erinnere mich an die heimliche Freude über die verschämte deutsche Bekanntmachung, daß die Faschisten in Guadalajara eine Niederlage erlitten hatten.

Die Nachricht vom deutsch-sowjetischen Pakt erschütterte diese Welt, und ich vergoß meine ersten politischen Tränen. Was für ein Glück war diese Lektion! Ich war entsetzt über Lehrer, die darauf beharrten, Amerika solle sich aus dem «imperialistischen Krieg» heraushalten – bis dieser am 22. Juni 1941 zum großen antifaschistischen Kreuzzug wurde. Der sowjetische Widerstand ließ frühere Hoffnungen aufleben, aber es war ein schützender Skeptizismus hinzugekommen. Im Jahre 1943, als Stalin zwei polnisch-jüdische Arbeiterführer, Henryk Erlich und Victor Alter, ermordet hatte, ging ich zu einer Protestversammlung, auf der brave Gewerkschaftsführer den Mord anprangerten; irgendwann erschien Fiorello La Guardia, der nicht zu bezähmende New Yorker Bürgermeister, sprang auf das Podium, beklagte die Toten und warnte: «Und ich sage zu Onkel Joe: Mach das nicht noch einmal.» Selbst damals war ich von der fröhlich-naiven Antwort beeindruckt.

Ich zögerte, die Wahrheit über Sklavenarbeitslager und Gulags zu akzeptieren: Waren das vielleicht Erfindungen oder Übertreibungen der extremen Rechten? Im Jahre 1948, nach dem Putsch in der Tschechoslowakei

Doch Sympathisanten fanden es entsetzlich schwer, mit der Partei zu brechen oder die Hoffnung aufzugeben. An die Wahrheit über sowjetische Greuel und Treubrüche zu glauben, den Leninismus und später den Stalinismus als das zu sehen, was sie waren – das bedeutete, den Faschisten oder Reaktionären in die Hände zu spielen. George Orwell, ein Sozialist, ein Feind des Imperialismus und des Faschismus, formulierte es klar: «Jeder, der einmal mit Öffentlichkeitsarbeit oder Propaganda zu tun gehabt hat, erinnert sich an Situationen, in denen er gedrängt wurde, Lügen über eine Angelegenheit von lebenswichtiger Bedeutung zu erzählen, weil die Offenlegung der Wahrheit dem Feind Munition liefern würde.»[24]

Die Stärke der einstigen Anziehungskraft des Kommunismus darf man heute, da die Sowjetunion zusammengebrochen ist, nicht vergessen. Der Reiz, den er ausübte, hatte eine tiefe psychologisch-politische Bedeutung. Man braucht Takt und Einfühlungsvermögen, um zu verstehen, warum für so viele Menschen der Kommunismus als etwas anderes erschien als das,

und dem Tod oder der Ermordung von Jan Masaryk waren alle Hoffnungen, die sich etwa an Stalingrad geknüpft hatten, verschwunden. 1954 lehrte ich an der Freien Universität Berlin und bekam einen optischen Eindruck von der Ähnlichkeit zwischen den beiden totalitären Regimes. Zu gleicher Zeit beobachtete ich besorgt den gigantischen Aufmarsch des Antikommunismus in Amerika während der McCarthy-Ära und erfuhr im eigenen Land die anmaßende Intoleranz einiger professioneller antikommunistischer Intellektueller. Mein Herz schlug dann für die Dissidenten in Osteuropa, für die Polen und Ungarn im Jahre 1956, für die Tschechen zehn Jahre später, für die sowjetischen Dissidenten, die ich 1979 in Rußland kennenlernte, und vor allem für die polnische Opposition, der ich im gleichen Jahr erstmals in Polen begegnete, für Bronisław Geremek und Adam Michnik. Ich gebe diesen Überblick, um dem Leser eine Orientierung zu ermöglichen: Ich habe etwas von dem sowjetischen Reiz mitbekommen – auf sichere Entfernung.

was er war: eine überaus schreckliche Verbindung von utopischen Träumen, kriegerischem Dogma, paranoidem Terror und der brutalen Unterdrückung jeder Opposition, ob real oder eingebildet. Werden sich künftige Generationen daran erinnern, wie leicht Menschen zu «Unpersonen» wurden und man ihr Leben postum austilgte? Orwell hat nichts erfunden; er hat die Wahrheit anschaulich vorgeführt und Geschichte in Literatur umgesetzt – damit die Menschen die Wahrheit leichter begreifen konnten.

Und wie steht es mit der Anziehungskraft des Faschismus? Der Erste Weltkrieg gab dem Bolschewismus seine Chance – und Gleiches gilt vom Faschismus und vom Nationalsozialismus. Vor dem Kriege hatte es in Europa eine Sehnsucht nach so etwas wie dem Faschismus gegeben, bevor dieser existierte. Schriftsteller und Intellektuelle sprachen von ihrer Sehnsucht nach einer neuen Autorität, nach Gemeinschaft, nach nationaler Disziplin und Größe. Sie haßten die liberale, bürgerliche Welt. In Frankreich und Österreich beispielsweise verliehen Massenbewegungen diesen Gefühlen unbestimmten Ausdruck. Der Krieg bot Gemeinschaft und Sinn für diejenigen Menschen, deren Leben vorher materiell und geistig verarmt gewesen war; nach dem Kriege fühlten sich viele dieser Menschen haltlos, entfremdet, entwurzelt, und sie waren nicht gewillt, in ein anonymes eintöniges Leben in einer bürgerlichen Welt zurückzukehren. Für einige waren Abenteuer und Gewalt zu einer Sucht geworden.

Benito Mussolini, ein brutaler, wenn auch belesener Außenseiter, wußte den Durst nach Aktion auszubeuten, den die entlassenen, aber nicht gefühlsmäßig demobilisierten Soldaten empfanden. Gleichzeitig benutzte er die tiefen Ängste der besitzenden Klassen angesichts «roter» Gefahren, die insbesondere durch die Sitzstreiks des Jahres 1919 geweckt wurden. Als prominenter Ex-Sozialist wußte er, wie explosiv die Idee und die Realität des Klassenkrieges sein konnten; er suchte ihn in einer brillant inszenierten Berufung auf nationale Größe zu transzendieren oder zu leugnen. Zugleich waren die Faschisten vor 1922 plündernde Schläger; die brutalen «squadristi» griffen zu Folter, zu einer Praxis, der ein liberales Europa abgeschworen hatte.

Das Gespenst des Bolschewismus suchte Italien heim, auch wenn keine Möglichkeit eines bolschewistischen Putsches bestand. Landlose Bauern und unterbezahlte Arbeiter hatten ein unbestimmtes Gefühl, daß das Leben im «Paradies der Arbeiter» besser sei. Wichtiger war, daß die Besitzenden jeden Glauben an parlamentarische Lösungen verloren; die Herausbildung von Massenparteien – Sozialisten und katholische Popolari – machte ihnen ihre eigene politische Verwundbarkeit deutlich. In Mussolini sahen sie ihren Beschützer, und viele von ihnen unterstützten ihn.

Doch der Marsch auf Rom im Jahre 1922 war eine Täuschung – ein angemessener Anfang einer Ordnung, die aus blendender Inszenierung, Täuschung und Terror und nur sehr wenig Substanz bestand. Mussolini an der Macht ging langsam vor: Zunächst arbeitete er mit anderen Parteien zusammen, er duldete oppositionelle Zeitungen und versuchte, die wirtschaftlichen Verhältnisse zu bessern. Der Bruch kam 1924, nachdem die Faschisten Giacomo Matteotti, einen mutigen Sozialisten, der die faschistische Komplizenschaft mit den Verbrechen angeprangert hatte, ermordet hatten. Die Gegner Mussolinis waren empört, aber sie unternahmen keine wirksamen Schritte; nach einigem Zögern übernahm Mussolini die Verantwortung für das Verbrechen und errichtete rasch eine Diktatur. Nun unterdrückte er seine Gegner, er warf sie ins Gefängnis oder trieb sie ins Exil; jegliche Opposition wurde ausgelöscht, und es wurde Konformität verordnet; unabhängig von faschistischer Kontrolle sollte es kein kulturelles oder intellektuelles Leben geben. Die bereitwillige Unterwürfigkeit von Intellektuellen – die sich aus einer Mischung von Enthusiasmus, Karrierismus und Furcht speiste – half dem Regime; einige Intellektuelle versuchten, sich anzupassen *und* zu kritisieren. Der vielgepriesene faschistische Korporativismus stellte ein verhülltes Zusammenwirken zwischen der Partei und den besitzenden Klassen dar, bei dem gelegentlich Wohltaten für die Arbeiter abfielen. Der Duce war bestrebt, Politik auf einschüchternden Pomp zu reduzieren – mit Terror als letzter Waffe.

Ein vehementer Nationalismus kennzeichnete die Außenpolitik Mussolinis, die in der Form aggressiv und in der Sache behutsam war. Mit Hilfe ausländischer Anleihen erholte sich die Wirtschaft; mit Zustimmung des Vatikans in Gestalt der Lateranverträge von 1929 gewann das Regime neues Ansehen und strahlte sogar politischen Glanz aus. Einige Westeuropäer, darunter Churchill und G. B. Shaw, hielten den Duce, den Diktator, für den Inbegriff des starken Mannes, für eine neue Autorität, welche dafür sorgte, daß die Züge jetzt pünktlich fuhren, welche Sümpfe trockenlegte und den Nationalstolz wiederherstellte. Die Welt mußte erst noch lernen, daß die Brutalität, die Mussolini gegen die Italiener entfesselt hatte, unter geeigneten internationalen Bedingungen auch gegen Ausländer, gegen Äthiopier und gegen spanische Republikaner, entfesselt werden konnte. Was der Bolschewismus für die Linke war, wurde nun der Faschismus für die Rechte: die Vision einer machtvollen und erregenden Alternative zur faden Routine der «bourgeoisen» Demokratie. Er hatte zahlreiche Bewunderer. Selbst nach seinem Ende gibt es immer noch eine wohlwollend herablassende Erinnerung an den Faschismus, so als sei nur noch das Theatralische im Gedächtnis haften geblieben und nicht der Terror.[25]

Die gemeinste Form des Faschismus entwickelte sich in Deutschland, wo der Erste Weltkrieg unermeßliche Verluste verursacht hatte: Millionen hatten ihre Angehörigen verloren, überall gab es Kriegsinvaliden, und selbst der Lebensweg der körperlich Unversehrten war gestört und desorientiert – und all dieses Leiden nach den gigantischen Anstrengungen des Krieges. Gedemütigt und mit einem tiefen Gefühl der Instabilität klammerten sich viele Deutsche an den Gedanken, alles Elend habe seine letzte Ursache in dem «Dolchstoß», wie man ihn mit einem wagnerischen Terminus nannte – eine Legende, welche die Wahrheit verfälschte und tiefste Zwietracht hervorrief. Ressentiments nährten deutsche Unversöhnlichkeit, eine selbstzerstörerische Trotzigkeit. Deutschland war zu einem Land geworden, in dem das Erbe des Krieges jeden geistigen und materiellen Konflikt verschärfte – und davon gab es viele.

Es ist seltsam, daß unser Jahrhundert, in dem die Macht von Individuen, Geschichte zu gestalten, auf so erschreckende Weise vor Augen geführt worden ist, auch das Jahrhundert war, in dem Historiker die Rolle des Individuums als eher unbedeutend einschätzten. Wenn Hitler im Ersten Weltkrieg gefallen wäre, hätte die Welt anders ausgesehen. Es ist oft gesagt worden, daß Hitlers Erfolg davon abhing, daß man ihn unterschätzte – eine Aussage, die sowohl wahr als auch erklärlich ist. Rationale Menschen nahmen an, daß die Wut und die Gewalttätigkeit, die er ausspuckte, Vulgaritäten waren, mit denen die Massen angezogen werden sollten; das reine Böse – seinen Nihilismus – konnten sie nicht verstehen. Die Marxisten waren von ihrer Doktrin her nicht in der Lage, die von ihm inspirierte Bewegung zu verstehen, die mit ihrem pseudoreligiösen, paramilitärischen Erscheinungsbild psychische und nicht materielle Bedürfnisse befriedigte. Sie sahen Hitler als den bezahlten Agenten des Kapitalismus, ein doktrinäres Fehlurteil, das später in der DDR als Orthodoxie beibehalten wurde.

Das Verblüffende ist, daß Hitler von seinen Ideen ganz offen sprach. «Mein Kampf» enthielt eine explizite Darstellung seiner Auffassungen. Der Krieg und die auf ihn folgende Niederlage hatten die Erfahrung des Außenseiters bestätigt: Der Krieg war eine gemeinschaftliche Flucht aus der Einsamkeit, die Niederlage war das Werk von Verrätern und rassischen Feinden. Die Vorsehung hatte ihn zum Erlöser seines Volkes erwählt. Er strebte nach absoluter Macht, um diese Bestimmung zu erfüllen und seinem leeren Ich zu entrinnen. Seine Hauptwaffe war unmittelbar aus seiner Erfahrung der Kriegszeit hervorgegangen: Er hatte einen fanatischen Glauben an die Macht der Propaganda in sich aufgenommen, wie sie seiner Ansicht nach von den Briten praktiziert wurde. «Mein Kampf» war eine

Anleitung dazu, wie die deutsche Öffentlichkeit so zu mobilisieren war, daß sie sich seiner Vision von Gewalt und Erlösung anschloß. Propaganda mußte einfach sein und mit endlosen Wiederholungen arbeiten; simple Schlagwörter sollten Feinde identifizieren und Größe versprechen. Die Massen mit ihrer «weiblichen» Mentalität würden auf Emotionen reagieren, nie auf Vernunft oder differenzierte Urteile. Die Wahrheit – die immer komplex ist – war zutiefst gleichgültig; das, worauf es ankam, war, die Leidenschaften der Menschen zu entfachen. Ein Redner (und das gesprochene Wort war nach Ansicht Hitlers das erfolgreichste Propagandainstrument) mußte die Instinkte der Leute erreichen.

Hitler und seine unmittelbaren Untergebenen waren Meister der Propaganda, erstaunlich erfolgreiche Inszenatoren des Hasses. Ihre Botschaft war simpel: Alles Leiden kam von den Novemberverbrechern, von Marxisten und Juden, die einer siegreichen Armee einen Dolchstoß in den Rücken versetzt hatten; die größte Gefahr für das Deutschtum war das Judentum, der rassische Todfeind. Die Versprechungen des Dritten Reiches waren ebenfalls simpel: absolute Autorität; die Erneuerung des Reiches und die Austreibung der Juden; eine echte Volksgemeinschaft, welche die Fesseln von Versailles abschütteln, neuen Lebensraum gewinnen und den jüdischen Bolschewismus ein für allemal vernichten würde. Hitlers Glaube an die Gewalt kam in den provozierenden Paraden der Partei zum Ausdruck, bei denen uniformierte Männer mit Fahnen, Dolchen und Knüppeln marschierten, Hetzlieder sangen und mörderische Drohungen ausstießen.

Nachdem der Nationalsozialismus an der Macht

war, gelang es ihm unglaublich schnell, eine totalitäre Herrschaft zu etablieren. Die Gleichschaltung bedeutete Konformität und die organisierte Beseitigung jeder Opposition, aber sie setzte auch die Leistungen des Regimes in Szene: wirtschaftliche Erholung, Ordnung und Disziplin sowie eine aggressive Außenpolitik (aggressiv in Form *und* Inhalt), die die bestehende Ordnung erfolgreich herausforderte. Die Gleichschaltung verlangte auch die Anerkennung einer lügnerischen Orthodoxie, und sehr viele Menschen der Eliten fanden einen Weg, sich mit ihr zu arrangieren. Stillschweigend akzeptierten sie die Austreibung der Juden, stillschweigend akzeptierten sie die «legale» Aussetzung allen Rechts und somit die Folterkeller der SA und die planmäßig errichteten Konzentrationslager, deren Existenz im März 1933 verkündet wurde – zur Abschreckung.

Die ersten Opfer waren selbst Deutsche – Kommunisten und Sozialdemokraten, des weiteren Juden, falls sie in eine dieser Kategorien gehörten. Wenn Deutsche andere Deutsche foltern und ermorden konnten, würden sie dann im Umgang mit Nichtdeutschen Zurückhaltung zeigen? Und doch hielten die Nationalsozialisten zugleich eine trügerische Normalität aufrecht, zumindest bis zur «Kristallnacht» im Jahre 1938. Erfolge die verführten, und eine Verlogenheit, die durch Terror abgesichert wurde, können teilweise erklären, weshalb das Regime Hitlers in den Vorkriegsjahren wahrscheinlich das beliebteste in der neueren deutschen Geschichte war.

Die Nationalsozialisten hatten ihre Sympathisanten im Ausland; interessanterweise gab es allerdings keinen Begriff, mit dem sie sie benannten, kein Analogon zu *fellow-travellers.* Viele Menschen außerhalb Deutschlands waren für die Versprechungen und Erfolge Hitlers ebenso anfällig wie die Deutschen, und auch sie bewunderten den Mann des Schicksals, den starken und triumphierenden Führer. Einige Ausländer waren anfälliger als andere: die Besitzenden, die Parteigänger der Rechten, die Technokraten, Menschen, die von der Demokratie enttäuscht waren und ängstlich mit einer weltweiten Wirtschaftskrise kämpften.

Entscheidend in den dreißiger Jahren war die Reaktion der politischen Eliten Europas auf Hitler. Mit diabolischer Schläue und atemberaubender Geschwindigkeit trotzte er den Beschränkungen von Versailles und baute eine neue deutsche Armee auf; bei jedem fait accompli zugunsten des Reichs versprach er, dies sei seine letzte Forderung. Die schwachen Bemühungen leichtgläubiger ausländischer Führer um die Verteidigung des Status quo erhöhten nur seine Verachtung. Während er stärker wurde, während seine Forderungen immer zahlreicher wurden, verfolgten die Briten eine Politik, die sie als Appeasement bezeichneten, eine Politik, die durch ihre willentliche Blindheit gegenüber dem Wesen des Hitlerregimes, durch eine allgegenwärtige Furcht vor Krieg und durch ihren tiefsitzenden Antikommunismus erleichtert wurde. Anfang September 1938 erhob der britische Botschafter in Berlin, ein eingefleischter Appeasement-Politiker, die nachdrückliche Forderung, die britische Presse solle «Hitler als Friedensapostel herausstreichen. Es wäre schrecklich kurzsichtig, wenn man dies nicht tut.»[26]

Zum Schluß täuschte das Appeasement Hitler selbst: Er nahm an, es sei zur permanenten Haltung der Briten und Franzosen geworden, die er ja für dekadent hielt. 1940 zögerte er bei der Durchführung seines Feldzuges gegen Großbritannien kurze Zeit, weil er hoffte, die alten Appeaser würden zu Defätisten werden (was in der Tat vielfach geschah) und sich mit ihm einigen. Er unterschätzte die bereitwillige Unterstützung, die Churchill, dieser großartige Appeasement-Gegner, in seinem Land hatte.

Der Zweite Weltkrieg war der Höhepunkt dessen, was ich 1963 als den Zweiten Dreißigjährigen Krieg bezeichnet habe, ein Höhepunkt unvorstellbaren Grauens. Diesmal begann der Krieg mit dem ideologischen Fanatismus, den der Erste Weltkrieg geschürt hatte. Diesmal hatten Nichtkombattanten mindestens ebenso sehr zu leiden wie Soldaten; fast von Anfang an war es ein totaler Krieg.

Innerhalb eines Jahres eroberte Hitlers Wehrmacht – oft beurteilt als die beste Kampftruppe des Jahrhunderts – den größten Teil des europäischen Kontinents. Bei der Eroberung selbst steigerten die Deutschen den tragischen Unterschied zwischen Ost- und Westeuropa ins für uns Unvorstellbare. Im Westen verhielten sie sich als Eroberer mit selbstbewußter Korrektheit – eine Zeitlang. Im Osten diktierte die deutsche Ideologie ein anderes Vorgehen. Der Wehrmacht war erklärt worden, Polen und Russen seien Untermenschen und sollten entsprechend behandelt werden. Unmittelbar vor dem Einmarsch in die Sowjetunion verordnete der berüchtigte Kommissarbefehl des Oberkommandos der Wehrmacht sofortiges brutales Vorgehen und forderte implizit, die Armee solle eine mörderische Besetzung durchführen. Der Haß und die Furcht, welche eine derartige Aggression mit sich bringt, verwandelten die deutsche Besatzung im Osten in ein derartiges

Schreckensregime, daß Russen und Ukrainer, welche die Deutschen anfangs als Befreier begrüßt hatten, sich in entschlossene Verteidiger des russischen Vaterlandes verwandelten. Der Krieg beseitigte alle Zurückhaltung.

Das erschütterndste Verbrechen war die systematische Vernichtung von sechs Millionen Juden – ein Akt derart fanatischen Hasses, der so systematisch organisiert wurde, daß er – bei allem Wissen von Details – im tiefsten Sinne unverständlich bleibt. Tausende und Abertausende beteiligten sich aktiv am Holocaust; noch größer war die Zahl derer, die passiv Beihilfe leisteten. Und doch gab es Menschen, die ihr Leben aufs Spiel setzten, um einzelne Juden zu retten. Es war dies ein deutsches Verbrechen mit unzähligen europäischen Komplizen. Es war das Höchstmaß an Terror und Verlogenheit. Die Opfer sollte man betrauern und ihrer gedenken: Die Erinnerung an sie sollte sakrosankt sein; sie sollte niemals ausgebeutet werden.

In der Zeit, in der die Wehrmacht Europa eroberte und bevor ihre Aura der Unbesiegbarkeit 1943 in Stalingrad verloren ging, glaubte eine nicht geringe Zahl von Europäern – in Westeuropa und hier und da auch in Osteuropa – an Hitlers Vision eines neuen Europa. Ich denke dabei nicht nur an aktive Kollaborateure oder an diejenigen, die in Hitlers Legionen eintraten, sondern auch an Menschen, welche die geschickte Propaganda für das Neue Europa akzeptierten und der Anziehungskraft von Macht, Ordnung und Gewalt erlagen, der zuvor die Deutschen erlegen waren. Auch sie ergaben sich in Rationalisierungen und machten ihre Anpassungsgesten. Wir vergessen, wie tief gespalten die eroberten Länder waren, wie tief der Riß war, der selbst durch ein neutrales Land wie die Schweiz ging. Deutsche Greuel und Deportationen belehrten manche Sympathisanten eines Besseren; deutsche Niederlagen brachten die meisten zur Vernunft. Am Ende war es, glaube ich, so, daß die meisten Menschen ihre früheren Verirrungen vergaßen.

Der Krieg endete, als sich Amerikaner und Russen an der Elbe die Hände reichten, als die Alliierten den Nationalsozialismus schließlich zerschlugen. In jener Ära, die von 1914 bis 1945 dauerte, war die Zahl der Getöteten größer als die sämtlicher Einwohner Europas zwei Jahrhunderte zuvor. Mit dem Ende des Nationalsozialismus gab sich die westliche Welt – oder der größte Teil von ihr – einer weiteren Hoffnung hin, die sich in eine Illusion verwandelte; diesmal war es die Hoffnung, daß die im Krieg entstandene Allianz die Niederlage des gemeinsamen Feindes überleben, daß die gefeierte Waffenbrüderschaft im Kriege (niemals leicht, niemals vertrauensvoll) in einer Art Partnerschaft im Frieden weitergeführt werden würde. Doch es dauerte nicht lange, bis ein alter Konflikt wieder auftrat und noch Jahrzehnte von Gewalt und Unwahrheit erduldet werden mußten.

Im Hinblick auf Europa in der Zeit nach 1945 möchte ich mich kurz fassen, da diese Periode noch klarer in unserem Bewußtsein ist, und auch deshalb, weil uns die Distanz zu dieser Epoche fehlt, die ja irgendwo zwischen Erinnerung und Geschichte liegt. Ich hoffe, daß Historiker, die von Orthodoxie befreit sind und Zugang zu bisher verschlossenen Archiven haben, nach und nach ein nuancierteres Verständnis für die letzten Jahrzehnte entwickeln werden. Im Laufe der

Zeit sollten die Verbindungen zwischen der Zeit nach 1945 und der Zeit vor 1914 deutlicher werden und ebenso auch, wie ich hoffe, die Zusammenhänge zwischen den sichtbaren Veränderungen auf der internationalen Bühne und den unterirdischen Wandlungsprozessen, insbesondere in Osteuropa.

In den Nachkriegsjahren 1945–1948 gab es in Europa, so verwüstet es war, mit vielen Millionen Hungernden und Heimatlosen, die verzweifelt auf der Suche nach einer Zuflucht waren, dennoch Hoffnung – eine Hoffnung, daß es nach den Schrecken des Krieges und des Faschismus Frieden und Wiederaufbau geben würde, daß die siegreiche Allianz halten, daß die Vereinten Nationen eine wirksame Weltordnung einsetzen würden. Viele Menschen glaubten, daß eine Art moralischer Kompatibilität zwischen den Westmächten und der Sowjetunion – wie sie sich mit den Nürnberger Prozessen andeutete – zu einer politischen Realität werden könnte. Für diese Hoffnung wurde viel Wahrheit geopfert: Beispielsweise wollten wir nichts vom vollen Ausmaß der sowjetischen Barbarei bei der Befreiung Deutschlands wissen – etwas, was Lew Kopelew miterlebte, der, als er die Wahrheit darüber sagte, Jahre der Qual erdulden mußte. Erst in neuerer Zeit haben wir erfahren, daß die Westmächte Tausende von Russen gegen ihren Willen der Sowjetunion ausgeliefert haben. Lassen Sie mich nebenbei hinzufügen, daß der amerikanische Geheimdienst, der während des Zweiten Weltkrieges erheblich ausgeweitet wurde, ein Erbe von Verheimlichung übernahm, das in den nachfolgenden Jahrzehnten zu zahlreichen Kämpfen führte, die dem Schutz der verfassungsmäßigen Rechte gegen die unterstellten Erfordernisse der nationalen Sicherheit galten.

Die Ursprünge des Kalten Krieges, die von Anfang an umstritten waren, werden sich vielleicht deutlicher abzeichnen, wenn sich die sowjetischen Archive öffnen. Doch ich bezweifle, daß wir von unserem Eindruck werden Abstand nehmen müssen, daß wechselseitige Ängste vor Bedrohung der militärischen Sicherheit mit ideologischen und paranoiden Befürchtungen vermengt wurden, die bis 1917 zurückreichen. Rußland und Amerika gingen aus dem Krieg als – ungleiche – Supermächte hervor, und das intensivierte zwangsläufig ihren alten Konflikt. Der furchtsame und ehrgeizige Stalin hatte den Wunsch, durch die Ausdehnung seines Reiches seine Macht auszuweiten. In den Vereinigten Staaten stärkten die unbestreitbaren Fakten sowjetischer Spionage und sowjetischen Expansionsdrangs die alte Furcht vor der «roten Gefahr» und begünstigten politisch ausbeutbare Ängste vor «unamerikanischen Umtrieben» im Inland. Es dauerte lange, die Verlogenheiten eines Joseph McCarthy zu bekämpfen; in diesem folgenschweren Konflikt ebenso wie in nachfolgenden zeigten mutige Persönlichkeiten, welche die Rechte der freien Äußerung schützten, wie verletzlich, aber auch wie unentbehrlich eine freie Presse ist.

In Frankreich und Italien hatten sich die Kommunisten auf Grund ihrer führenden Rolle im Widerstand eine Art moralischer Rehabilitation erworben. Die Amerikaner verstanden nicht, wie ein Viertel oder ein Drittel der französischen und italienischen Wähler die kommunistischen Parteien unterstützen konnten, die eine Linie vorschrieben, welche selten und auch dann nur ganz geringfügig von der Orthodoxie Moskaus abwich. Unter Intellektuellen blieb eine bedeutende, wenn auch allmählich schrumpfende Schar von Sympathisanten erhalten: Jean-Paul Sartre kann als das beste Beispiel für diese Gruppe dienen. Sie kritisierten besonders entsetzliche Akte – den tschechischen Putsch im Jahre 1948, die nachfolgenden Schauprozesse, die Niederschlagung des ungarischen Aufstandes 1956 –, aber sie verschlossen sich dem Gedanken, daß die «Exzesse» auch die Essenz des Regimes waren, und so setzten sie die willentliche Selbsttäuschung fort, die den Bolschewismus von Anfang an begünstigt hatte. (Das ganze Grauen der kommunistischen Folter in den Satellitenstaaten wird erst jetzt in vollem Umfang in seiner Entsetzlichkeit dokumentiert. In den ersten beiden Jahrzehnten nach dem Kriege gingen die kommunistischen Regimes daran, allen Widerstand, auf den sie stießen, ob real oder potentiell, niederzuschlagen, und dabei griffen sie zu den unmenschlichsten Formen der Erniedrigung.) Eine zunehmende amerikanische Präsenz in Westeuropa – man denke an den Marshallplan – vertiefte den ideologischen Konflikt; Kommunisten und linke Intellektuelle versuchten, den stets gegenwärtigen Anti-Amerikanismus, den Widerstand gegen das, was als die «Coca-Colonisierung» Europas bezeichnet wurde, auszunutzen. In seinem Buch «Past Imperfect» hat Tony Judt eine vernichtende Analyse der «politischen Verantwortungslosigkeit» so vieler französischer Intellektueller geliefert.[27]

Aber in der Zeit der brudermörderischen Kriege und danach wurde auch die europäische Idee geboren oder wiedergeboren. In den im Untergrund kursierenden Zeitungen und Manifesten des französischen und italienischen Widerstandes kamen erstmals Hoffnungen auf ein geeintes demokratisches Europa zum Ausdruck. Altiero Spinelli entwickelte in italienischer Gefangenschaft die Vision eines neuen Europa; Jean Monnet und Robert Schuman, die großen Architekten der Nachkriegsordnung, wollten nicht, daß das Verhängnis eines geteilten und nationalistischen Europa erneut aufträte. Der Eckpfeiler des Europa, das sie voraussahen, war die Versöhnung zwischen Frankreich und Deutschland, die langsam erreicht und schließlich in dem großen symbolischen (und religiösen) Moment gekrönt wurde, als Charles de Gaulle und Konrad Adenauer 1962 in der Kathedrale von Reims gemeinsam die Messe feierten.

Dieses Europa der Hoffnung, der geistigen Erneuerung hat eine Periode beispiellosen wirtschaftlichen Wachstums und sozialen Wandels genossen. Es war eine Zeit des steigenden Lebensstandards, einer demokratischen Konsumgesellschaft, die alle möglichen Rückschläge und Ölschocks überlebte. Die Franzosen bezeichnen sie als die dreißig glorreichen Jahre – und in ihnen wurden die Klassengegensätze stark abgeschwächt. Die Europäische Gemeinschaft ermöglichte – trotz allerlei Rückschlägen – den Weg Westeuropas in den Wohlstand und in ein gewisses Maß an politischer Zusammenarbeit. Als das Europa von Brüssel über seine ursprünglichen sechs Mitglieder hinauswuchs und dem Begriff «Gemeinschaft» eine größere Bedeutung zu geben suchte, fing es an, sich selbst als Europa schlechthin zu betrachten, überheblich in seiner Selbsteinschätzung, geruhsam provinziell, und in gewissem Maße ohne einen Gedanken daran zu verschwenden, daß es nur ein Teil Europas war. Es gab natürlich wichtige Ausnahmen: Die Verfechter der Ostpolitik handelten aus einer Verbindung von echter brüderlicher Sorge und Staatsräson. Die vielen Menschen in Frankreich und anderswo, die Kontakte zu osteuropäischen Intellektuellen und Künstlern aufrechterhielten, trugen auf eine Weise, die erst noch in vollem Umfang gewürdigt werden muß, zur schließlichen Wiedervereinigung Europas bei. Der Mythos von Europa war ein starker Magnet für die Nationen auf der Suche nach Freiheit: Ich denke dabei an die Spanier und Portugiesen, die ihre Diktaturen stürzten; und Europa '92 leistete wichtige Beiträge zur Selbstbefreiung Osteuropas.

Die Begeisterung für «Europa» war echt, aber der Aufbau einer Westeuropäischen Gemeinschaft, der Ende der vierziger Jahre mit dem Schuman-Plan begann, war mühselig, und die Vision einer europäischen Zukunft mag als zeitweiliger Deckmantel für die europäische Vergangenheit gedient haben. Es war weniger so, daß die westeuropäischen Staaten die Wahrheit verleugnen oder verbergen wollten, als vielmehr so, daß die Menschen eine willentliche Amnesie miteinander teilten. Deutsche sprachen von der «Stunde Null», von einer totalen Zäsur; ungeachtet zahlreicher mutiger Stimmen zögerten die Menschen zutiefst, sich der Vergangenheit zu stellen, sich mit massiver Komplizenschaft auseinanderzusetzen oder die tiefen Kontinuitäten in der deutschen Geschichte, die zum Nationalsozialismus geführt hatten, einzugestehen. In Frankreich finden wir ein ähnliches Zögern, wiederum eine Art Tabu, der Wahrheit über Vichy ins Auge zu sehen, die Kontinuitäten zwischen rechtsgerichteten und antisemitischen Anschauungen und Bewegungen der Vorkriegszeit und ihrem Sieg unter Vichy einzugestehen. Der Versuch der Fünften Republik, Max Ophüls' dramatischen Film über Kollaboration und Widerstand, «Le chagrin et la pitié», zu verbieten, war eine ungeschickte, symbolische Bemühung – in einer Demokratie –, eine echte Konfrontation mit der Vergangenheit zu verbannen.[28] Vielleicht blockiert die starre Unterscheidung von «Widerständlern» und «Kollaborateuren» – Kategorien, die in allen besetzten Ländern Europas galten – ein klareres Gefühl für die Vergangenheit, vielleicht verschleiert sie die subtilen und schrecklichen Zweideutigkeiten der tatsächlichen Lage: Wie nur einige wenige sich in vollem Umfang der einen oder der anderen Sache verschrieben, wie sich Zweifel und Befürchtungen einschlichen, wie die Menschen in mehreren Welten zugleich oder nacheinander lebten und handelten; die Menschen wandelten sich im Laufe der Zeit. 1940 erschien Hitlers Neuordnung manchen attraktiv und vielen unwiderstehlich; nach Stalingrad wich «die Welle der Zukunft» – und der Geist der Menschen paßte sich an neue Realitäten an.

Wie anders die Welt Osteuropas! Jahrzehntelang war die Sowjetunion isoliert und abgeschirmt gewesen; ihre Grenzen waren hermetisch abgeschlossen, und die Technik erleichterte die Abschirmung – Regierungen konnten beispielsweise ausländische Radiosendungen stören –, während neuere Technologie eine derartige Abschirmung nahezu unmöglich gemacht hat.[29] Der deutsche Einmarsch in die Sowjetunion im Jahre 1941 hatte die außerordentlichen Unzufriedenheiten deutlich gemacht, die es dort gab, insbesondere unter Völkern, die wie etwa die Ukrainer ein Gefühl ihrer eigenen ethnischen Identität hatten. Vielleicht hat der Große Vaterländische Krieg, wie er von Stalin getauft und noch Jahrzehnte danach verherrlicht wurde, das

Leben der Sowjetunion verlängert: Er war die eine gemeinsame Erinnerung, welche die Diktatur legitimierte und der rücksichtslosen Kampagne des Regimes zur Industrialisierung um jeden Preis eine gewisse verspätete Rechtfertigung verlieh.

Ganz gleich welche Hoffnungen oder Illusionen in den ersten drei Jahren nach Kriegsende existierten, 1948 war klar geworden, daß Stalin entschlossen war, seine totalitäre Herrschaft über die Länder Osteuropas zu festigen. Im Gefolge der Roten Armee wurden kommunistische Regimes eingesetzt, die Stalin loyal ergeben und von stalinistischen Ängsten vor ausländischen und inneren Feinden erfüllt waren. Starke kommunistische Parteien entwickelten sich überall und ebenso ein alles kontrollierender, privilegierter Apparat sowie schließlich die Herrschaft der Nomenklatura. Der Alptraum totalitärer Herrschaft erstreckte sich jetzt von Wladiwostok bis an die Elbe, und die Sowjets brauchten noch größere Repression, um über Nationen zu herrschen, die ihre historische Unabhängigkeit schätzten. Stalin entfesselte zusätzlichen Terror: die Schauprozesse gegen Rudolf Slánsky und Anna Pauker, die Ärzteverschwörung, die Verfolgung bürgerlicher Überreste – die endlosen Lügen, das fortwährende Umschreiben der Geschichte.

Der Tod Stalins im Jahre 1953 markierte eine Zäsur in der Geschichte des Bolschewismus: Zum ersten Mal in dreißig Jahren gab es einen Augenblick kontrollierter Wahrheit. In seiner 1956 gehaltenen Geheimrede – die in der ausländischen Presse sofort veröffentlicht wurde, aber als Parteigeheimnis den Menschen in dem sowjetischen Herrschaftssystem vorenthalten blieb – warf Nikita Chruschtschow Stalin vor, er habe eine

Terrorherrschaft errichtet und unschuldige Menschen ermordet. Die «Entstalinisierung» klagte den «Personenkult» an und gab so zu verstehen, nicht das System, sondern Stalin sei für die bis dahin verheimlichten Schrecken verantwortlich gewesen. Trotz aller Zickzackbewegungen der sowjetischen Politik in der Zeit danach und ungeachtet der rücksichtslosen Niederschlagung der Aufstände in Ungarn und der Tschechoslowakei erstand die volle Kraft des stalinistischen Totalitarismus nicht wieder. «Tauwetter» wechselte mit Frostperioden, aber die brutalsten Formen der systematischen, sadistischen Folter begannen nachzulassen, wenn auch die Gulags und psychiatrischen Kliniken weiter bestanden. Die Folter als ein gewohnheitsmäßiges Instrument der Macht begann zu verschwinden; abgesetzte Herrscher wie Chruschtschow wurden nicht mehr hingerichtet.

Eine Art korrumpierende, repressive Freudlosigkeit senkte sich über große Teile des Sowjetreichs. Das Regime behauptete immer noch, die Partei habe ein absolutes Monopol auf die Wahrheit, es brachte alle Kritik zum Schweigen und unterdrückte jede Opposition. Doch ein neues Leben regte sich im Untergrund: In Fesseln wurde der Hunger nach Freiheit genährt; die allgegenwärtige Lüge inspirierte diesen Hunger nach Wahrheit, die Entschlossenheit, «in der Wahrheit zu leben», dem Unterdrücker zu trotzen, keine Kompromisse zu machen. All das ist in vielen bewegenden Berichten erzählt worden; genannt seien als nur ein ergreifendes Beispiel Adam Michniks «Briefe aus dem Gefängnis». In den Kellern des Widerstandes im besetzten Europa war der Traum eines von Haß gereinigten Europa geboren worden; im Untergrund repressiver kommunistischer Regimes schilderten mutige und unbestechliche Männer und Frauen die Ambiguitäten des Lebens unter einem Totalitarismus im Niedergang – mit erstaunlichem Mitgefühl. Die Aufzählung nur einiger weniger Namen – Václav Havel und Adam Michnik, Efim Etkind und Czesław Miłosz, Juri Afanassjew und Andrej Sacharow – ist zugleich Erinnerung an diesen lauten Aufschrei gegen die Unwahrheit, an diesen Abscheu gegen die lügende Gesellschaft mit ihren Belohnungen für Willfährigkeit und ihren Forderungen nach seelenzerstörenden Kompromissen. Dies war immer noch eine Zeit, in der Europa geteilt war und beide Teile einander entfremdet waren, aber es war auch eine Zeit, in der die ärmere Hälfte ein reicheres Gefühl für das entwickelte, was Europa bedeutete oder bedeuten konnte, als der wohlhabende Teil.

Gandhis Philosophie der Gewaltlosigkeit mag für manche ein Leitstern gewesen sein, aber viele, viele Menschen entwickelten selber eine stoische, trotzige Bewußtheit «für die Macht der Machtlosen», wie Havel es formuliert hat. Ich glaube, in den Ländern Osteuropas wurde eine neue Idee von Europa geboren, in den Führern des KOR (des Komitees zur Verteidigung der Arbeiterrechte) und der Solidarność, in den Mitgliedern der Charta '77 und den Tausenden und später Zehntausenden, die auf unvergleichliche Weise mit Elan und Disziplin Regimen trotzten und sie – so darf man wohl sagen – moralisch besiegten, gab es etwas tiefer Europäisches, etwas bewußter Europäisches als in Stimmen aus Westeuropa. Im tiefsten Kern ihres Lebens und Handelns liegt eine humane Vision, welche die Kette der Schrecken, die mit dem Terror von 1914 begonnen hat, beenden und doch verstehen möchte.

Abschließend möchte ich wiederholen, was ich zu Anfang sagte: 1989 wurde diese Kette der Schrecken zerrissen. Ich glaube nicht, daß wir das Ende der Geschichte oder ein Aufhören von Konflikten erreicht haben; die Leidenschaften urtümlicher Unwahrheit und Gewalttätigkeit, die Ausbrüche von Haß und nationalistischer Intoleranz sind Gefahren, die bereits einige der neueren Errungenschaften verschüttet haben. Ich glaube allerdings, wir haben das Ende einer Ära erreicht, in der Europa durch Kriege um Hegemonie, die durch neue Vernichtungsmittel noch verschlimmert wurden, zugrunde gerichtet wurde, einer Ära, in der diese Kriege die sozialen und nationalen Konflikte verschärften, die sie hervorbrachten oder ihnen Gestalt verliehen, in der die utopischen Visionen totalitärer Regimes Millionen fesselten und versklavten und in der diese totalitären Staaten ein Machtmonopol anhäuften, das auch über ein Wahrheitsmonopol gebot.

Die schreckliche Ära, die hinter uns liegt, und die erstaunlichen Jahre seit 1989 haben uns erneut die Unvorhersehbarkeit der Ereignisse gelehrt. Dennoch würde ich wagen zu sagen, daß es in Europa heute – vielleicht zum ersten Mal in seiner neueren Geschichte – eine Aussicht auf Frieden gibt. Vielleicht besteht sogar eine Aussicht, daß Machthaber ihre Mitbürger nicht mehr erschießen lassen werden – trotz der Schrecken im ehemaligen Jugoslawien.

Die Führer der Selbstbefreiung Osteuropas hatten mit spezifischen, lokalen Feinden und verborgenen Apparatschiks zu kämpfen; sie lehnten Gewalt und Unwahrheit ab. Nachdem sie an der Macht waren, begannen sie mit einer neuen und anderen Kette: Im Namen ihrer Nationen sprachen sie förmliche Entschuldigungen für Ungerechtigkeiten aus, die anderen Nationalitäten oder Ländern zugefügt worden waren; Hände sind in Versöhnung ausgestreckt worden. Skeptiker mögen spotten, daß dies nichts als Worte waren – so als hätte nicht die gesamte vorangegangene Ära die Macht von Worten und Symbolen bewiesen. Doch selbst Skeptiker müssen anerkennen, daß auf die Gesten der Versöhnung definitive Verträge gefolgt sind; der deutsch-polnische Vertrag beispielsweise zielte darauf, Jahrhunderten von brutalem Konflikt ein Ende zu machen. Und Verträge sind durch beispiellose, wenn auch immer noch unzureichende Bemühungen um regionale Zusammenarbeit ergänzt und vervollständigt worden.

Der Prozeß der Versöhnung hat seine eingefleischten Gegner, darunter mächtige Überreste des alten Apparats. Der Nationalismus – der immer seine emanzipatorische und seine brutale, aggressive Seite gehabt hat – mag sich in die letztgenannte Richtung bewegen. Patriotismus beseelte die Befreier, aber Xenophobie und Gewalttätigkeit sind stets gegenwärtig.

Ich glaube, Historiker tragen in dieser Zeit eine besondere Verantwortung – und ich sage dies in dem vollen Bewußtsein, daß unser Einfluß insgesamt zurückgegangen ist. Wir stehen an der Schwelle einer neuen Ära, in der «die weißen Flecken der Geschichte», wie man sie in Rußland nennt, eine Chance haben, gefüllt zu werden. Wenn Archive geöffnet, wenn Historiker befreit werden, bieten sich gewaltige Chancen, doch was gibt es da für Hindernisse. Mächtige Interessengruppen werden den Wunsch haben, Enthüllungen zu verhindern, die ihre Komplizenschaft oder die Unwahrheit von so vielem, was als Geschichte bezeichnet wurde, dokumentieren würden.[30] Wir müssen uns daran erinnern, daß die Revolutionen von 1989 den Sieg derer markierten, die an die Herrschaft des Rechts, an die freie Rede, an die repräsentative Regierungsform, an die offene Gesellschaft glaubten. Wenn Parteiorthodoxien und Lügen über die Vergangenheit zerstört werden, könnte es sein, daß alte Mythen neu aufsteigen: Lenin zu stürzen, um Nikolaus II. zu verherrlichen, bedeutet nur die Ersetzung des einen Mythos durch einen anderen. Dasselbe gälte, wenn die bolschewistische Ideologie durch russischen Nationalismus oder ukrainischen Antisemitismus ersetzt würde; eine Welt unter der Kontrolle der Stasi darf nicht durch eine Gesellschaft ersetzt werden, die von umherstreunenden Skinheads eingeschüchtert wird.

Es ist dies nicht eine Zeit des Triumphalismus für den Kapitalismus; zwar hat der freie Markt bewiesen, daß er weit effizienter ist als die Planwirtschaft, aber er hat seine eigenen Mängel. Trotz Reformen gibt es kaum Anzeichen dafür, daß ein freies oder ungeregeltes kapitalistisches System menschliche Bedürfnisse nach Sicherheit oder Gerechtigkeit befriedigen kann. Männer und Frauen sind für Wahrheit, Freiheit und Würde gestorben – aber sind sie für den Kapitalismus gestorben? Während der Kommunismus zusammenbrach, lieferten die Vereinigten Staaten ein bedrückendes Beispiel dafür, welchen Schaden entfesselte Gier anrichten kann. Die unermeßlichen menschlichen, moralischen und materiellen Kosten der Freimarkt-Euphorie à la Reagan sind gerade erst erkannt worden. Die Balance zwischen den Bedürfnissen des freien Marktes und den Ansprüchen der sozialen Gerechtigkeit ist immer umstritten, sie bedarf immer des politischen Ausgleichs. Für manche Menschen hat es sich als ideologisch gewinnbringend erwiesen, die Identität von Bolschewismus und Sozialismus zu behaupten. Doch der Bolschewismus war eine Perversion des Sozialismus, und der demokratische Sozialismus hat dazu beigetragen, den Kapitalismus zu humanisieren, ihn am Leben zu halten. Der sozialistische Impuls war ein nützlicher Stachel für kapitalistische Unbekümmertheit.

Trotz aller Risiken und Gefahren, die vor uns liegen, trotz aller Erinnerungen daran, wie anfällig Menschen für Mythen und illiberale Versprechungen sind, sollten wir die Größe der Veränderungen erkennen, die mit den Revolutionen von 1989 nach Europa gekommen sind. Der Wahrheit ist Geltung verschafft worden. Der Wert liberaler Institutionen und eines liberalen Geistes hat sich wieder gezeigt, nicht mit einem Fanfarenstoß, sondern vielleicht im Sinne von «selbstverständlichen Wahrheiten», wie sie erstmals den Verfassern der amerikanischen Unabhängigkeitserklärung vor Augen standen. Vielleicht sind wir im Begriff, zu einigen der Werte des 18. Jahrhunderts, der Aufklärung zurückzukehren, eines Augenblicks in Europa, den man als die «Entdeckung der Freiheit» bezeichnet hat. Die Verteidigung der Freiheit ist unsere nächste Aufgabe.

# Das feine Schweigen
## und seine Folgen

Die Rede vom «feinen Schweigen» stammt nicht vor mir, sondern von Friedrich Nietzsche, dem besorgter Kenner des modernen Deutschlands. In «Jenseits vor Gut und Böse» schrieb er über die den Deutscher nachgesagte «Tiefe» und fragte sich, wie Goethe eigentlich über die Deutschen gedacht habe. «Aber», so fuhr Nietzsche fort, «er hat über viele Dinge um sich herum nie deutlich geredet und verstand sich zeitlebens auf das feine Schweigen: – wahrscheinlich hatte er gute Gründe dazu.»[1]

Dieses bewußte, vornehme, zweckvolle Schweiger beschreibt eine Haltung, eine Attitüde, die ihre eigene Geschichte hat. Sie hatte auch unheilvolle Folgen, und um das Widersprüchliche in der deutschen Geschichte gleich anzusprechen, möchte ich aus einem Brief von Lise Meitner, der großen deutsch-jüdischen Physikerin jüdischer Abstammung, zitieren. Im Oktober 1945 schrieb sie an einen holländischen Freund: «Sie haben mich nach meiner Einstellung zu Deutschland gefragt. Ich kann sie am besten durch die Worte ausdrücken, … daß ich mir wie eine Mutter vorkäme, die klar sieht, daß ihr Lieblingskind hoffnungslos mißraten ist.»[2] Vielleicht kann nur eine Naturwissenschaftlerin so viel über das deutsch-jüdische Verhältnis so bündig ausdrücken, wie es in diesem Satz geschieht: das Lieblingskind hoffnungslos mißraten.

Aber um Mißverständnissen vorzubeugen, möchte ch zunächst eine historische Vorbemerkung machen. Wenn ich von «Vorstufen» des Verbrechens rede, soll das nicht den Anschein erwecken, als glaubte ich an so etwas wie eine nicht zu umgehende «Treppe» der Geschichte, etwas absolut Unabwendbares; im Gegenteil: Der Historiker soll sich bewußt halten, daß die Geschichte nicht vorhersehbar und vorbestimmt ist und daß in jeder Gegenwart viele Möglichkeiten vorhanden sind.

Der Triumph des Nationalsozialismus war nicht die Vollendung oder Krönung der deutschen Geschichte – das war die NS-Legende schlechthin – und auch kein Betriebsunfall oder Zufall: Er war vermeidbar, er hatte seine tapferen Gegner, aber es gab auch vieles in der deutschen Geschichte und der damaligen Gegenwart, das ihn begünstigt hat. Dazu gehörte – unter anderem, und mehr will ich nicht sagen – eine gewisse Tradition des «feinen Schweigens».

Das «feine Schweigen», das vornehme Schweigen, das Schweigen zur Bewahrung des eigenen, menschlichen Anstands, es ist nahe am verderblichen Schweigen. Sicher gibt es so etwas wie ein «edles» oder heroisches Schweigen, das Schweigen, um Verrat zu vermeiden. In unserem Jahrhundert wurden Tausende und Abertausende gefoltert, um sie zum Verrat von Mitmenschen zu erniedrigen. Ernst Reuter hat es beschrieben: «So wenig wie ich die Schreie der Geschlagenen in der Nacht aus meinem Ohre verlieren werde, so wenig werde ich aus meiner Erinnerung auslöschen können, wie diese meine Kameraden aufrecht und ungebrochen vor ihren Peinigern gestanden haben und ihnen immer noch Respekt einflößten, wenn sie auch wehrlos waren.»[3]

Was das andere Schweigen angeht, so neige ich zu dem Urteil von Nadeschda Mandelstam, die in ihren Memoiren aus der Zeit sowjetischen Terrors schrieb «Schweigen ist ein wirkliches Verbrechen gegen das Menschengeschlecht.»[4] Man könnte diesem grausamen Jahrhundert das Motto geben: Man sah das Böse nicht, man wollte es nicht sehen, wollte die Untat nicht wahrnehmen – und damit begann das Schweigen. Denn Wegsehen und Schweigen sind eng miteinander verbunden. Und doch gibt es die alte Verheißung, das alte menschliche Verlangen: Zeugnis abzulegen, dem Unglück eine Erinnerung abzutrotzen, «in der Wahrheit zu leben» (Václav Havel), auch mit sich selbst.

Mir geht es an dieser Stelle um das Schweigen im politisch-sozialen Bereich. Schweigen und Verschweigen sind sich darin verwandt. Die meisten Menschen und Völker sind geneigt, sich an «angenehme Illusionen» (wie Edmund Burke es nannte) zu klammern, sich selbst, die eigene Familie und Gemeinschaft, die eigene Nation zu verschonen. Der Gedanke ist enthalten in dem urdeutschen Wort Vaterland – was steckt nicht alles in diesem Wort, die gebotene Liebe, die Verpflichtung –, und es mag die Neigung zu angenehmen Illusionen besonders schüren. Nur in historisch-psychologisch seltenen Momenten neigen Menschen und Völker dazu, sich selbst anzuklagen, ihre angenehmen Illusionen fallenzulassen.

Ihr Selbstverständnis zu erringen fällt einer Gesellschaft oder einer Nation niemals leicht. Im 19. Jahrhundert hat der große Roman zu einer solchen Selbstentdeckung enorm beigetragen: Ich denke an Balzac und Dickens und viele andere, die in ihren Romanen ihr eigenes Land und seine Klassen mit unerbittlicher

Strenge dargestellt haben. Die Bücher von Dickens sind eine einzige Anklage gegen das geldsüchtige, unmenschliche Zeitalter einer im Wohlbehagen schwelgenden Gesellschaft. Und diese Konfrontation, die man in der englischen und französischen Dichtung und Literatur erlebt, ist in jeder Beziehung schwächer im deutschen 19. Jahrhundert – bis zu, sagen wir, Friedrich Spielhagen, der kaum, oder Theodor Fontane, der erst spät im Jahrhundert gelesen wurde und der sich gegen den weit verbreiteten Hang zur «Verniedlichung» der Wirklichkeit wandte.

In der deutschen bürgerlichen Gesellschaft wurde viel ge- oder verschwiegen – ich sage das, obwohl ich aus einem Land komme, das im Augenblick etwas mehr Schweigen über die private Sphäre gebrauchen könnte. Im kaiserlichen Deutschland aber konnte das Schweigen das Gegenteil des Beabsichtigten bewirken – es war ja auch eine Einladung zur Enthüllung, oft in satirischer Weise. Der Meister der liebevoll-bissigen Wahrheit blieb Heinrich Heine, und sein Schicksal in der deutschen Öffentlichkeit ist bekannt.

Ich muß mich mit einer Skizze des Verschweigens begnügen, die freilich die Gefahr der Verfälschung in sich birgt. Ich will nur andeuten, daß es eine Verbindung gab zwischen diesem Schweigen und späteren politischen Verfehlungen und Verbrechen. Im widerspruchsvollen Kaiserreich war das Schweigen konzentriert auf das Privat-Peinliche, auf Geld und auf Sexualität. Seine Wendung ins Politische allerdings gab es bereits bei der Umdeutung des deutschen Sieges von 1871. Der deutsche Triumphalismus nach 1871 ist oft belegt und beschrieben worden. Aber bei allem Chauvinismus gab es auch patriotische Kritik, besonders nach 1890. Um nur ein Beispiel zu nennen: Max Weber war Patriot und Nationalist, und in leidenschaftlichen Analysen hat er die politische Unfähigkeit, die Schwächen deutscher Politik, deutscher Kultur bloßgelegt und um eine Aufwertung des Parlamentarismus geworben: als Schule der Nation, als Rekrutierungsplatz für Politiker.

Es gab eine Reihe miteinander verbundener Kritiker – ich denke dabei an Max Weber und an Ernst Troeltsch, an Hans Delbrück und Walther Rathenau –, die sich gegen das Kartell der Angst wandten (um einen Ausdruck von Ralf Dahrendorf zu benutzen) und die hofften, daß das reformbedürftige Deutschland sich nicht in sturem Klassenkampf erschöpfen würde. Aber diese Männer waren eher eine Ausnahme, und gerade aus der Zunft der Historiker gab es kaum kritische Töne. Die Zunft war staatstreu, viele ihrer Vertreter schrieben gleichsam im Geist der preußischen Fahne: schwarz-weiß. Was damals fehlte, was leider oft in der deutschen und europäischen Geschichte gefehlt hat, war der wirkliche Konservatismus, wie ihn ein Edmund Burke geprägt hat, der schrieb: «Ein Staat, dem es an allen Mitteln zu einer Veränderung fehlt, entbehrt die Mittel zu seiner Erhaltung.»[5] Zu viele verschrieben sich nur dem Prinzip der Erhaltung inmitten einer dynamisch sich wandelnden Gesellschaft.

Seine große politische Bedeutung bekam das Schweigen aber erst mit der Politisierung Deutschlands durch den Ersten Weltkrieg. Die Wahrheit ist bekanntlich das erste Opfer des Krieges, und in diesem Krieg wurde die öffentliche Lüge zur Waffe erhoben. Zensur gab es überall, und in der ersten Pressekonferenz, die der deutsche Generalstab organisierte, am 14. August 1914, sagte der Sprecher: «Wir werden nicht immer alles sagen können, aber was wir Ihnen sagen werden, ist wahr.»[6] Nur der erste Teil der Aussage wurde beherzigt: Je länger der entsetzliche Krieg dauerte, desto größer die Tarnung der Wahrheit – das Volk wurde schließlich belogen, um es nicht zu entmutigen. Auch das ist eine oft gemachte Erfahrung: Der englische Stil, die Gefahr zu dramatisieren, lag den deutschen Führungsschichten nicht; es fehlte am Vertrauen zum Volk. Die militärische Niederlage kam als unerwartetes Übel – und wurde im selben Augenblick umgedeutet; nicht die Übermacht der Alliierten war schuld an der Katastrophe, es waren die Feinde im eigenen Land, die dem tapferen Heer in den Rücken gefallen seien. Die Dolchstoßlegende war der deutsche Triumphalismus von 1871 mit umgekehrtem Vorzeichen.

Was aber hat das mit dem «feinen Schweigen» zu tun? Ich denke an die vielen, die sich der wahren Situation bewußt waren, sich auch im Privaten darüber aussprachen, es aber meist vermieden, sich öffentlich zu bekennen. So hat zum Beispiel Bethmann Hollweg 1921 seine Memoiren veröffentlicht: Er, der am besten wußte, mit welcher fatalen Engstirnigkeit und Gewalt das Militär politische Verantwortung verlangt und erhalten hatte, um dann – um des Siegfriedens willen – die großen Fehlentscheidungen zu treffen, er, das Opfer der Obersten Heeresleitung, er, der die verhängnisvolle Rolle Tirpitz' als des «Vaters der Lüge» bereits 1914 erkannt hatte – er hat in seinen Memoiren nur sehr leise Kritik an Tirpitz und Ludendorff geäußert, obwohl er von Ludendorff vielfach öffentlich angegriffen worden war. Ich habe mich mit Bethmann Hollweg vor über 30 Jahren einmal beschäftigt und versucht, die Tragik eines anständigen Mannes zu beschreiben. Ich kam damals zu folgendem Schluß: «Vielleicht liegt die größte Schuld Bethmanns darin, daß er so viel gesehen und verstanden und so wenig gesagt hatte. Sein halbes Schweigen, so verständlich es auch ist, erleichterte den zweiten und schlimmeren Triumph eben jener Leidenschaften, deren Existenz er beklagte.»[7]

Es gab unter den patriotischen Gelehrten – hätte man nur damals den Unterschied zwischen Patriotismus und Nationalismus erkannt! – klare Aussagen über das Ende des Krieges. So Friedrich Meinecke im Oktober 1918: «Ein furchtbares, düsteres Dasein erwartet unser unter allen Umständen! Und so sehr mein Haß gegen die Raubtiernatur der Gegner fortlodert, ebenso heiß ist auch mein Zorn und Empörung über die deutschen Gewaltpolitiker, die uns durch ihre Überhebung und ihre Dummheit in diesen Abgrund gerissen haben.»[8] Ernst Troeltsch, der große liberale Theologe, schrieb am Tag des Waffenstillstands: «Allein das Morden ist zu Ende, die Illusion zerstoben, das System ist unter seiner Sünde zusammengebrochen.»[9] Diese ehrlichen Einsichten sind nur selten an die Öffentlichkeit gedrungen – zum Teil, weil man mit Recht befürchtete, etwaige Anklagen des alten Regimes könnten den Alliierten und ihrer Habgier Vorschub leisten. Die Rücksicht auf das eigene Land, der Wunsch, ihm nicht zu schaden, sind absolut verständlich aus der damaligen Sicht, aber auch sie hatten ihre Folgen. Und sie gehören zu einer gewissen deutschen Neigung, Kritik als Nestbeschmutzung zu begreifen – und das fast bis ans Ende des 20. Jahrhunderts; die «Nesthygieniker» übrigens waren meist diejenigen, die dem Land viel Schaden angetan haben.

Aber zur Zeit der Revolution im November 1918 – so bescheiden sie auch immer war, war sie doch dazu angetan, tiefste Ängste zu wecken – kam es, ja mußte es zu einer Auseinandersetzung darüber kommen, ob und wie man das kaiserliche Regime anklagen sollte oder nicht. In München hat Kurt Eisner Dokumente aus Münchener Archiven zum Kriegsausbruch veröffentlicht, Dokumente, die die deutsche Vorkriegspolitik, die Politik im Juli 1914 belasteten. Es kam zu heftigen Auseinandersetzungen innerhalb des Reichskabinetts im März und April 1919: Sollten die Akten über diese Vorgeschichte veröffentlicht werden oder nicht? So äußerte sich der Reichsminister Eduard David: Das Ausland weiß sowieso sehr viel, jetzt hilft nur «völlige Klarheit und Wahrheit». Die jetzige Regierung habe dieses Material nicht gekannt und sollte betonen, «daß Deutschland das alte System restlos beseitigt habe».[10] Selbst Reichspräsident Friedrich Ebert, der unwillige Revolutionär, war dafür: «Sünden der alten Regierung aufs schärfste verurteilen.»[11] Das Kabinett entschied sich für Aufschiebung.

Erst später folgte die «Kriegsschuldanklage», die dem deutschen Volk das moralische Fundament für seinen Haß auf Versailles lieferte. Das Verschweigen, vom Auswärtigen Amt gefordert und gesteuert, kam den Feinden Weimars zugute – ein Zeichen auch für die Kontinuität im Denken bei den führenden Schichten.

Zu dieser Verschleierung haben – mit wenigen Ausnahmen – die Historiker beigetragen. Obwohl sie gründliche Arbeit leisteten, wurde das Bild des Kaiserreichs keiner wirklichen Revision unterzogen. Es gab keinen geistigen Waffenstillstand, weder in der Nation noch zwischen den Nationen. Fritz Hartungs Urteil von 1946, die deutsche Geschichtswissenschaft sei dafür verantwortlich, «daß das deutsche Volk aus dem Zusammenbruch von 1918 nichts gelernt»[12] habe, mag allerdings zu scharf sein.

Es gab großartige Ausnahmen, Persönlichkeiten, die sich um Klarheit und Wahrheit bemühten. Nur wenige Beispiele seien erwähnt: Der oft vergessene Jurist Gustav Radbruch war eine solche Ausnahme, aber auch Thomas Manns «Von deutscher Republik» aus dem Jahre 1922 war es – ein außergewöhnliches Bekenntnis von jemandem, der die Versuchung der dunklen deutschen Innerlichkeit verspürt hatte und daher kannte. Und schließlich Ernst Troeltsch, einer der eindrucksvollsten Denker der frühen Nachkriegszeit, protestantischer Theologe und Historiker in einer Zeit, da die protestantischen Kirchen dem Kaiserreich nachtrauerten und die Weimarer Republik verachteten. Troeltsch schrieb am 7. Juli 1922 – nach der Ermordung Rathenaus –: «Trotz aller Revolution regieren im Grunde die alten Beamten, urteilen die Gerichte im Sinne des alten Systems, werden die Vertreter der Linken ermordet, wird denen der Rechten kein Haar gekrümmt. Die Mörder können mit Hilfe der breiten und reichen Organisationen stets verschwinden, die Helfershelfer finden die Gunst des Gesetzes und werden freigesprochen ... Rathenau ist auf der Schanze gefallen, allen Freunden ein grauenvoller Schmerz, für das Vaterland eine Katastrophe, für das Ausland eine Unbegreiflichkeit und ein neuer Beweis der Barbarei der deutschen Herrenschicht, womit das Dogma von der Kriegsschuld neu belebt werden kann.»[13] Das Wort «Barbarei» kann ihm nicht leicht gefallen sein. Im «Kunstwart» erschienen, fand sein Urteil wenig Echo; er starb relativ jung sieben Monate später, ein großer Verlust für die nicht schweigenden Gemäßigten.

Daß zwischen Verschweigen und Verschleierung auf der einen Seite und Enthüllung oder polemisierender Aufklärung auf der anderen eine dialektische Beziehung bestand, ist klar. Schon damals waren die Zeichnungen eincs George Grosz oder die Satiren eines Kurt Tucholsky wirksamer als die einsichtsvollen Worte von Troeltsch oder Thomas Mann; gerade weil die linke Polemik so schonungslos treffend war, saß sie wie ein Stachel in rechten Gefühlen. Sie verletzte alles Heilige.

Selbst ein Troeltsch hätte sich das Aufkommen einer viel grausameren Barbarei nicht vorstellen können. Die Verwirrung deutscher Geister in der Endphase der Weimarer Republik ist immer noch ein bestürzend dunkles Kapitel. Der Nationalsozialismus hat es verstanden, einen deutschen Idealismus mit absolutem Nihilismus zu verbinden. Ein einziges Beispiel der extremen Verirrung: Das größte kirchliche Organ, die «Evangelisch-Lutherische Kirchenzeitung», hat im März 1931 den Nationalsozialismus beschrieben als «Erhebung deutschen Jungvolkes, das die Schmach des Vaterlandes tief empfindet, die Vergiftung deutschen Denkens durch Fremde haßt und verabscheut, das die alten Tugenden: Wahrhaftigkeit, Ehre und Treue auf seine Fahnen geschrieben hat.»[14]

Hitler hat aus seinen Absichten kein Hehl gemacht. Er konnte sich zwar verstellen – vor 1933 und nach 1933 –, aber sein mörderischer Haß gegen Feinde, Juden und Marxisten, war unmißverständlich. Daß er sich zu Mördern bekannte, und zwar in uneingeschränkter Solidarität – nach dem Mord von Potempa im August 1932 –, minderte nicht die Begeisterung, den Glauben an den «Führer». Im Juli 1933 waren es 37 Prozent, die für ihn stimmten; im Juni 1940 wären es wahrscheinlich noch viel mehr gewesen. Ich habe den Nationalsozialismus als Versuchung beschrieben – das war er, aber er wurde auch als solche durchschaut.[15] Viele warnende Stimmen erhoben sich, aber viele waren parteipolitisch gebunden – so Kurt Schumacher im Februar 1933: «Die ganze nationalsozialistische Agitation ist ein dauernder Appell an den inneren Schweinehund im Menschen.»[16] Im Grunde aber hat man die Macht des Nationalsozialismus, seinen pseudoreligiösen Charakter, nicht verstanden. Zu oft interpretierte man ihn aus marxistischer, das heißt interessengebundener Sicht und übersah den ressentimentgeladenen Glauben an Erlösung, an den Mann aus dem Volk, der sein Land retten würde.

Viel ist geschrieben worden über das Versagen der deutschen Eliten, derjenigen also, die einen besonderen moralischen Anspruch auf geistige Führung erhoben. Was mußten sie 1933 nicht alles hinnehmen, um an eine nationale Erhebung wie im August 1914 glauben zu können? Zwar waren die Straßenkämpfe der Jahre 1932 bis 1933 vorbei – ich erinnere mich noch an sie –, aber die Zeit des Terrors in den SA-Kellern, in der Prinz-Albrecht-Straße in Berlin und überall sonst hatten begonnen. Es folgten, Schlag auf Schlag, die Entrechtung der Menschen, der Abbau des Rechtsstaates und der Grundrechte – nicht als etwas Abstraktes, sondern als etwas alltäglich sich Vollziehendes: «Schutzhaft» bedeutete die Beraubung der Freiheit ohne jedes Recht gerichtlicher Verteidigung. Die politischen Feinde wurden dem Terror, der Prügelei und der Folter, der Erniedrigung ausgeliefert: Trotzdem wurde das Schweigen nicht gebrochen. Dann kam die Vertreibung jüdischer und politisch «unzuverlässiger» Kollegen aus Universitäten, Kliniken, sämtlichen öffentlichen Positionen, auch sie nur von ganz wenigen Protesten begleitet. Der Psychologe Wolfgang Köhler protestierte öffentlich, ihm geschah nichts; wenn zwanzig es getan hätten, wäre es anders gekommen, schrieb er im amerikanischen Exil.[17] Otto Hahn wollte einen Protest organisieren, Max Planck aber warnte: Wenn heute dreißig protestierten, kämen morgen hundertfünfzig, die auf ihre Stellen wollten.[18] Die Vertreibung war ja nicht nur ein Angriff auf die Wissenschaft, sondern auch ein Angriff auf die viel gepriesene Selbstverwaltung der Universitäten. Es folgte das Verbrennen der Bücher, ein Auflodern des deutschen Ressentiments gegen die Aufklärung, eines Ressentiments, über das schon Friedrich Nietzsche gesprochen hatte. Ohne die Mitwirkung der Eliten wäre die rasche Durchsetzung der Diktatur unmöglich gewesen (wie Hans Mommsen es für die Beamtenschaft gezeigt hat[19]), und so kam es zur Eskalation des feinen Schweigens zum feigen Schweigen – und natürlich auch zur massenhaften Anpassung und begeisterten Zustimmung. Kurz erwähnen könnte man die Reaktion im Ausland: Das Konkordat im Sommer 1933 – um ein Beispiel zu nennen – war doch nur der Anfang von weitgehender Anpassung und Sympathie, besonders auf der rechten Seite.

Aber auch in diesem Moment und buchstäblich in erster Stunde gab es Ausnahmen, so Dietrich Bonhoeffer in seiner Radioansprache vom 1. Februar 1933, in der er vor dem Anspruch eines totalen Staates warnte.[20] In München genügt es, an Kurt Huber und die

Geschwister Scholl zu erinnern, deren Mut und Anstand sie das Leben gekostet haben. An solche Menschen denkend, kann ich nur die Worte von Wolfgang Kunkel wiederholen, der hier in der Universität sagte: «Um so mehr verdienen aber die wenigen, die sich dennoch zum Handeln entschlossen und ihr Leben wagten, unsere Bewunderung und unsere Dankbarkeit.»[21]

Hat man in der Nachkriegszeit diese Bewunderung und Dankbarkeit hinreichend bezeugt? Hat man das Erbe des Widerstands gegen zwei deutsche Diktaturen genügend gepflegt? Dabei sollte man nicht nur an Widerstand denken – im Leben der bedrückten Menschen hat der aktive Anstand von Mitbürgern bereits einen großen Unterschied gemacht. Gerade die Menschen, die, weil sie nicht anders konnten, spontan aktiven Anstand bewiesen haben, die die Verfolgten und Verstoßenen besucht und ihnen geholfen haben – ihrer sollte man gedenken. Was der englische Dichter William Wordsworth als «little, nameless, unremembered, acts/Of kindness and of love»[22] bezeichnet hat, die kleinen aus dem Gedächtnis entschwundenen, namenlosen Taten der Güte und Liebe – sie sollten auch anerkannt werden.

Die Lehre daraus ist, daß man die Unverletzlichkeit der Grundrechte sofort verteidigen muß. Märtyrertum kann nicht erwartet oder verlangt werden, wohl aber vorbeugende Zivilcourage, die erlernt und erprobt werden muß.

In den ersten Nachkriegsjahren war die Versuchung groß, das «feine Schweigen» zu bewahren. Dabei unterschätze ich nicht die Schwierigkeit, zu einem Verständnis der Vergangenheit zu gelangen. Aber das Gefühl, das Siegfried Kaehler – ein deutscher Historiker, der sich stets vom Nationalsozialismus distanziert hatte – im Mai 1945 gegenüber seinem Sohn zum Ausdruck brachte, mag von vielen seiner Kollegen geteilt worden sein: «Sollten Universitäten weiter bestehenbleiben, so bleibt uns die Aufgabe, die Überlieferung des wahren und wirklichen Deutschland zu wahren und zu verteidigen gegen die bereits im Gang befindliche Verleumdung durch demokratisch jüdische Propaganda und gegen die angelsächsische Selbstgerechtigkeit.»[23]

Erst Fritz Fischers Werk «Griff nach der Weltmacht» löste Anfang der sechziger Jahre den ersten großen Historikerstreit aus; nicht zufällig drehte er sich um die immer schon umstrittene Frage der Kriegsschuld.

Aber auch die Opfer haben lange Zeit geschwiegen. Sie empfanden Scham; die Erinnerung an die Erniedrigung, an das Unmenschliche wurde nur selten zur Sprache gebracht – bei vielen Familien blieb sie unausgesprochen. Erst die zweite Generation, erst die Enkel fühlten den Zwang zum Bekenntnis, den Zwang, Zeugnis abzulegen. Wohl gab es Ausnahmen, Primo Levi etwa, der schrieb, um Zeugnis abzulegen, damit die Erinnerung Wiederholung verhüte.

Es darf nicht überraschen, daß die meisten Deutschen nach 1945 geschwiegen haben. Sie waren sich ihrer eigenen Opfer bewußt, aber sie gedachten nicht des Untergangs Millionen anderer, nicht des Mordes an sechs Millionen Juden und an dreieinhalb Millionen russischen Gefangenen, an beinahe sechs Millionen Zwangsarbeitern. Schließlich ist es doch zu einem Durchbruch der grausamen Wahrheit gekommen, und ich darf hier an Martin Broszat und das Institut für

Zeitgeschichte erinnern, stellvertretend für viele andere Forscher und Menschen, die in den letzten Jahrzehnten so viel getan haben, um die Vergangenheit mit all ihrem Schrecken klar darzustellen.[24] Im Februar 1998 hat Hubert Markl, der Präsident der Max-Planck-Gesellschaft, zum fünfzigsten Gründungsjubiläum der Gesellschaft eine bewundernswerte Rede gehalten: «Wer meint, mehr als 50 Jahre nach Kriegsende und totalem Zusammenbruch sei die Zeit für solche Selbsterforschung vorbei, täuscht sich meines Erachtens sehr. Im Gegenteil: Vorbei ist nur die Zeit schamvollen Schweigens wie des reuelosen Verschweigens, des schonenden Beschweigens wie des Vergessenwollens in der unmittelbaren Nachkriegszeit ...»[25] Noch gibt es viele dunkle Stellen in der Vergangenheit, die in diesem Geist erforscht werden müssen.

Unsere Stimmen, die Stimmen von Forschern, werden heute leicht übertönt von den Propagandisten, angesichts deren man sich Burckhardts Warnung vor den «terribles simplificateurs» erinnert. Noch gefährlicher sind die Medien, die mit dem Grauen der Vergangenheit spielen, die das Höllische trivialisieren. Die Trivialisierung des Holocaust – besonders in den Medien oder auch in literarischer Form – ist auch ein Betrug an den Opfern. Wir wissen, daß Bilder aus Fernsehen oder Film Eindrücke vermitteln, die viel unmittelbarer sind als unsere Worte – und daß in der heute gepflegten Erinnerungswelt der historische Kontext oft völlig vergessen wird. Eine so entsetzlich komplizierte Vergangenheit verlangt die gründliche Forschung, bedeutet eine selten, vielleicht nie dagewesene Herausforderung an Wissenschaft und Literatur. Ich glaube, wir Historiker tragen hier besondere Verantwortung.

Zum Schluß noch einmal die Bemerkung, daß das «feine Schweigen» diesem Land viel Leid angetan hat. Auch das Schweigen hat seinen Kontext: Es kann edles Gold oder gemeine Münze sein. Ich möchte erneut die Stimmen zitieren, die ich am Anfang erwähnte. Lise Meitner schrieb im Herbst 1945 an ihren Freund: «Das Tragische dabei ist, daß selbst Menschen wie Laue oder Otto Hahn nicht verstanden, welchem Schicksal sie ihr eigenes Land durch ihre Passivität preisgaben.»[26] Die Passivität, das Schweigen der Anständigen waren für den Erfolg des Nationalsozialismus mindestens ebenso wichtig wie das Brüllen der Begeisterten. Verständnis für all das, was geschehen ist, fällt keinem Menschen, keinem Land leicht. Wie schon Nietzsche – der tiefste aller deutschen Psychologen – schrieb: «Der Reiz der Erkenntniss wäre gering, wenn nicht auf dem Wege zu ihr so viel Scham zu überwinden wäre.» «‹Das habe ich gethan›, sagt mein Gedächtniss. Das kann ich nicht gethan haben – sagt mein Stolz und bleibt unerbittlich. Endlich – giebt das Gedächtniss nach.»[27] Muß es so sein? Könnte nicht gerade ein bescheidener Stolz dem Gedächtnis zu Hilfe kommen, ihm Festigkeit zu geben?

# Anmerkungen

## Jacob Burckhardt: der Historiker als Zeitzeuge

### Abkürzungen

Briefe  Burckhardt, Jacob: Briefe, vollständig und kritisch bearbei-
tete Ausgabe mit Benützung des handschriftlichen Nachlas-
ses hergestellt von Max Burckhardt, 11 Bde., Basel 1949–
1994.
GA  Jacob Burckhardt-Gesamtausgabe, 14 Bde., Basel 1929–
1934.
SG  Jacob Burckhardt, Über das Studium der Geschichte. Der
Text der ‹Weltgeschichtlichen Betrachtungen› auf Grund
der Vorbereitungen von Ernst Ziegler nach den Handschrif-
ten hrsg. von Peter Ganz, München 1982.

1  SG, S. 252.
2  Brief an Louise Burckhardt, 15. August 1840 (Briefe 1, S. 160).
3  Brief an Gottfried Kinkel, 21. März 1842 (Briefe 1, S. 197).
4  Brief an Willibald Beyschlag, 14. Juni 1842 (Briefe 1, S. 204).
5  GA 8, S. 3.
6  Vgl. Werner Kaegi, Jacob Burckhardt. Eine Biographie, Bd. 5,
Basel 1973, S. 631.
7  Brief an Friedrich von Preen, 27. September 1870 (Briefe 5,
S. 111).
8  GA 7, S. 436.
9  SG, S. 246.
10  Ebd.
11  GA 7, S. 427.
12  Brief an Gottfried Kinkel, 13. Juni 1842 (Briefe 1, S. 201).
13  SG, S. 322 f.
14  Nachschrift von Louis Kelterborn, Wintersemester 1872/73, zitiert nach: Peter Ganz, Einleitung; in: SG, S. 44. Vgl. ebd.,
S. 229.
15  Brief an Friedrich von Preen, 2. Juli 1871 (Briefe 5, S. 130).

16 SG, S. 340.
17 SG, S. 352, 361.
18 Brief an Friedrich von Preen, 31. Dezember 1870 (Briefe 5, S. 119).
19 Brief an Friedrich von Preen, 17. März 1872 (Briefe 5, S. 152).
20 SG, S. 73.
21 Brief an Friedrich von Preen, 31. Dezember 1872 (Briefe 5, S. 184).
22 SG, S. 366.
23 Brief an Friedrich von Preen, 15. Oktober 1887 (Briefe 9, S. 104).
24 Brief an Hermann Schauenburg, 28. Februar 1846 (Briefe 2, S. 208).
25 GA 7, S. 435.
26 Brief an Friedrich von Preen, 26. u. 27. Dezember 1890 (Briefe 9, S. 280).
27 Brief an Friedrich von Preen, 26. April 1872 (Briefe 5, S. 161).
28 Brief an Friedrich von Preen, 14. September 1890 (Briefe 9, S. 263).
29 Brief an Friedrich von Preen, 24. Juli 1889 (Briefe 9, S. 201).
30 SG, S. 359.
31 SG, S. 244.
32 Benedetto Croce, Die Geschichte als Gedanke und als Tat, übers. von François Bondy, Bern 1944, S. 163. Ich verdanke Herbert Lüthy den Hinweis auf Croces kritische Betrachtungen zu Burckhardt.
33 Brief an Otto Ribbeck, 10. Juli 1864 (Briefe 4, S. 154).
34 SG, S. 374 f.
35 Brief an Friedrich von Preen, 2. Januar 1880 (Briefe 7, S. 131).
36 Brief an Friedrich von Preen, 25. Juni 1886 (Briefe 9, S. 41).
37 SG, S. 243.
38 Brief an Friedrich von Preen, 26. Dezember 1892 (Briefe 10, S. 63).
39 Max Weber, Briefe 1906–1908, hrsg. von M. Rainer Lepsius und Wolfgang J. Mommsen, Tübingen 1990, S. 33.
40 GA 7, S. 368 f.
41 Johan Huizinga, Wenn die Waffen schweigen. Die Aussichten auf Genesung unserer Kultur, Basel 1945, S. 1, 192.
42 Herbert Lüthy, Wo liegt Europa? Zehn Versuche zu den Umtrieben des Zeitgeists, Zürich 1991, S. 261.

# Max Planck:
## Größe des Menschen und Gewalt der Geschichte

1 Hans Weidenmüller, Die Geburtsstunde der Quantentheorie. In: Max Planck. Vorträge und Ausstellung. Hrsg. Max-Planck-Gesellschaft zur Förderung der Wissenschaften e. V. München, München 1997, S. 22–33.

2 Jacob Burckhardt, Über das Studium der Geschichte, S. 244.

3 Jost Lemmerich, 100 Jahre Röntgenstrahlen 1895 bis 1995, Würzburg 1995, S. 57.

4 Armin Hermann, Die Deutsche Physikalische Gesellschaft 1899 bis 1945. In: 150 Jahre Deutsche Physikalische Gesellschaft. Hrsg. von Theo Mayer-Kuckuk, Weinheim 1995, S. F–64.

5 Max Planck an Arnold Sommerfeld, 11. September 1899 (Sommerfeld-Nachlaß, Deutsches Museum, München).

6 Max Planck, Physikalische Abhandlungen und Vorträge. Bd. 3, Braunschweig 1958, S. 382.

7 Ebenda, S. 240.

8 Res Jost, Das Märchen vom Elfenbeinernen Turm. Reden und Aufsätze, Heidelberg 1995, S. 269.

9 Zitiert bei Hermann, Die Deutsche Physikalische Gesellschaft, S. F–87.

10 Max Planck, Physikalische Abhandlungen und Vorträge, S. 75.

11 Ebenda, S. 89.

12 Ebenda, S. 74.

13 Ebenda, S. 181.

14 Ebenda, S. 398.

15 Albert Einstein, Mein Weltbild, Amsterdam 1934, S. 144.

16 Rainer Maria Rilke, Sämtliche Werke. Bd. 1, Frankfurt am Main 1965, S. 259.

17 Max Planck, Kausalgesetz und Willensfreiheit (1923). In: Quantenmechanik und Weimarer Republik. Hrsg. von Karl von Meyenn, Braunschweig 1994, S. 127.

18 Propaganda für das Relativitätsprinzip. In: Hermann, Die Deutsche Physikalische Gesellschaft, S. F–69.

19 Adolf von Harnack, Aus Wissenschaft und Leben, Gießen 1911, S. 19.

20 Zitiert nach Thomas Nipperdey, Deutsche Geschichte 1866–1918. Bd. I, Arbeitswelt und Bürgergeist, 3. Aufl. München 1993, S. 597.

21 Max Planck, Physikalische Abhandlungen, S. 77.

22 Die jüngste Veröffentlichung zu diesem Manifest: Jürgen und

Wolfgang von Ungern-Sternberg, Der Aufruf ‹An die Kultur-welt›, Stuttgart 1996, vgl. bes. S. 72 f.

23 The Collected Papers of Albert Einstein. Bd. 8. Princeton 1998, S. 956.

24 Gesamtsitzung der Königlich Preußischen Akademie…, 14. November 1918. Im Anhang zu: John L. Heilbron, Max Planck. Ein Leben für die Wissenschaft 1858–1947, Stuttgart 1988, S. 993.

25 Max Planck an Arnold Sommerfeld, 15. Dezember 1919 (Sommerfeld-Nachlaß, Deutsches Museum, München).

26 Theodor Lessing, Geschichte als Sinngebung des Sinnlosen, 1919

27 Albert Einstein an Max Planck, 23. Oktober 1919 (Einstein Archives, Hebrew University, Jerusalem).

28 Max Planck, Physikalische Abhandlungen, S. 338, 336.

29 Max Planck an Max von Laue, 7. Juli 1922 (Laue-Nachlaß, Deutsches Museum, München).

30 Max Planck an Max von Laue, 9. Juli 1922, ebenda.

31 Max Planck an Albert Einstein, 10. November 1923. Zitiert in: Armin Hermann, Max Planck in Selbstzeugnissen und Bilddokumenten, Hamburg 1973, S. 67.

32 Adolf von Harnack, Erlebtes und Erforschtes, Gießen 1923, S. 344.

33 John L. Heilbron, Max Planck, S. 279.

34 Rudolf Vierhaus, Adolf von Harnack. In: Forschung im Spannungsfeld von Politik und Gesellschaft. Hrsg. von Rudolf Vierhaus und Bernhard vom Brocke, Stuttgart 1990, S. 479.

35 Lise Meitner, Max Planck als Mensch. In: Die Naturwissenschaften 45, Nr. 17 (1958), S. 407.

36 Adolf Grimme, Briefe. Hrsg. von Dieter Sauberzweig, Heidelberg 1967, S. 237.

37 Albert Einstein in Berlin, Bd. 1. Hrsg. von Christa Kirsten und Hans-Jürgen Treder, Berlin (Ost) 1979, S. 245; vgl. auch Klaus Hentschel (Hrsg.), Physics and National Socialism. An Anthology of Primary Sources, Basel, Boston, Berlin 1996.

38 Max Planck an Fritz Haber, 1. August 1933 (Haber-Nachlaß, Archiv zur Geschichte der Max-Planck-Gesellschaft, Berlin).

39 Otto Hahn, Mein Leben, München 1968, S. 145.

40 Helmuth Albrecht, «Max Planck. Mein Besuch bei Adolf Hitler.» Anmerkungen zum Wert einer historischen Quelle. In: Naturwissenschaft und Technik in der Geschichte. Hrsg. von Helmuth Albrecht, Stuttgart 1993, S. 41–63. Ich verdanke den freundlichen Hinweis auf diese Arbeit Professor Erwin Hiebert, Harvard University.

41 Max Planck an Reichsminister B. Rust, 18. Januar 1934. Sie-
mens Archiv (freundlicher Hinweis von Gerald D. Feldman,
University of California, Berkeley).

42 Lise Meitner, Max Planck als Mensch, S. 407.

43 Max von Laue an W. F. Berg, 21. August 1934 (Laue-Nachlaß,
Deutsches Museum, München). Max von Laue an Albert Ein-
stein, 26. Juni 1933 (Einstein Archives, Hebrew University, Je-
rusalem). Vgl. auch: Alan D. Beyerchen, Scientists under Hitler.
Politics and the Physics Community in the Third Reich, New
Haven 1977, S. 118 f.

44 Ernst-Wolfgang Böckenförde, Die Verfolgung der deutschen
Juden als Bürgerverrat. In: Merkur 51, Nr. 575 (1997), S. 165–
170.

45 Max Planck an Arnold Sommerfeld, 2. Oktober 1940 (Sommerfeld-Nachlaß, Deutsches Museum, München).

46 Lise Meitner an Elisabeth Schiemann, 3. November 1946
(Churchill College Archive, freundlicher Hinweis von Jost
Lemmerich.)

47 Max von Laue an Lise Meitner, November 1958 (Churchill
College Archive, freundlicher Hinweis von Ruth Lewin Sime;
Hervorhebung von mir).

48 Max Planck an Arnold Sommerfeld, 4. Februar 1945 (Sommerfeld-Nachlaß, Deutsches Museum, München).

## Tod in Weimar

1 Auf Thomas Manns ‹Tod in Venedig› hat schon Richard Evans
angespielt in: Tod in Hamburg. Stadt, Gesellschaft und Politik
in den Cholera-Jahren 1830–1910, Reinbek bei Hamburg 1992.

2 Thukydides, Geschichte des Peloponnesischen Krieges, Zürich
und München 1960, S. 70 (I,77).

3 Patrick Joyce, The Return of History. Post-Modernism and the
Politics of Academic History in Britain. In: Past & Present 158
(Febr. 1998), S. 220.

4 Péter Nádas, Der Lebensläufer. Ein Jahrbuch. Aus dem Ungarischen von Hildegard Grosche, Reinbek bei Hamburg 1998,
S. 14 (rororo 22289).

5 Sigmund Freud, Zeitgemäßes über Krieg und Tod. In: Ders.,
Fragen der Gesellschaft. Ursprünge der Religion. Hrsg. v. Alexander Mitscherlich, Angela Richards u. James Strachey (= Studienausgabe, Bd. IX), Frankfurt am Main 1982, S. 33–60.

6 Sigmund Freud, Trauer und Melancholie. In: Ders., Psycholo-

gie des Unbewußten. Hrsg. v. Alexander Mitscherlich, Angela Richards u. James Strachey (= Studienausgabe, Bd. III), Frankfurt am Main 1982, S. 193–212.

7  Alexander und Margarete Mitscherlich, Die Unfähigkeit zu trauern. Grundlagen kollektiven Verhaltens, München 1984.

8  John Bowlby, Verlust, Trauer und Depression, Frankfurt am Main 1987.

9  John Dunn, Trust and Political Agency. In: Diego Gambett (Hrsg.), Trust Making and Breaking. Cooperative Relations, Oxford 1988, S. 73–93.

10  Puis Dirr (Hrsg.), Bayerische Dokumente zum Kriegsausbruch und zum Versailler Schuldspruch, München, Berlin [3]1925.

11  Theobald von Bethmann-Hollweg, Betrachtungen zum Weltkriege. 2 Bde., Berlin 1919–1921

12  Zitiert nach Heinrich August Winkler, Weimar 1918–1933. Die Geschichte der ersten deutschen Demokratie, München 1993, S. 91.

13  A. J. P. Taylor, Die Ursprünge des Zweiten Weltkrieges, München 1980.

14  Emil Julius Gumbel, Vier Jahre politischer Mord, Berlin 1922, S. 78–80. S. auch Gustav Radbruch, Politische Schriften aus der Weimarer Zeit. Teilbd. 1. (= Gesamtausgabe. Bd. 12, 1), Heidelberg 1992, S. 181–234.

15  George Grosz, Ein kleines Ja und ein großes Nein, Hamburg 1955, S. 103.

16  Ebenda, S. 143.

17  Zit. nach Reginald R. Isaacs, Walter Gropius. Der Mensch und sein Werk. Bd. 1, Berlin 1983, S. 131f.

18  Ebenda, S. 188.

19  Ebenda, S. 196.

20  Christopher Isherwood, Berlin Stories, 1945; Prater Violet, 1945.

21  Bertolt Brecht, Die Dreigroschenoper, 1928, Song der Seeräuber-Jenny, 4. Strophe.

22  Vgl. Wolfgang J. Mommsen, Max Weber und die deutsche Politik 1890–1920, Tübingen [2]1974, S. 223.

23  Ebenda, S. 206.

24  Max Weber, Politik als Beruf. Hrsg. von Wolfgang J. Mommsen und Wolfgang Schluchter (= Gesamtausgabe. Abt. I, Bd. 17), Tübingen 1992.

25  Karl Jaspers, Max Weber. Politiker, Forscher, Philosoph, München 1958, S. 7.

26  Ernst Troeltsch, Spektator-Briefe. Aufsätze über die deutsche Revolution und die Weltpolitik 1918/22, Tübingen 1924, S. 1–12.

27 Ebenda., S. 11.
28 Thomas Mann, [Zu Friedrich Eberts Tod]. In: Ders., Reden und Aufsätze 4 (= Gesammelte Werke in dreizehn Bänden, Bd. XII), Frankfurt am Main 1990, S. 635 f.
29 Fritz Stern, Bethmann Hollweg und der Krieg: Die Grenzen der Verantwortung. In: Ders., Das Scheitern illiberaler Politik. Studien zur politischen Kultur Deutschlands im 19. und 20. Jahrhundert, Frankfurt am Main/Berlin/Wien 1974.
30 Harry Graf Kessler, Tagebücher 1918–1937. Hrsg. v. Wolfgang Pfeiffer-Belli, Frankfurt am Main 1996, S. 632 u. 630.
31 Thomas Mann, Deutsche Ansprache. Ein Appell an die Vernunft. In: Ders., Reden und Aufsätze 3 (= Gesammelte Werke in dreizehn Bänden, Bd. IX), Frankfurt am Main 1990, S. 887.
32 Thomas Mann, Der Tod (1897)
33 Ders., Deutsche Ansprache, S. 881

## Die erzwungene Verlogenheit

1 Im Rahmen einer Kritik an ökonomischen Interpretationen der Puritanischen Revolution erdachte Thomas Carlyle die Antwort eines Puritaners an den Steuereinnehmer: «‹Nimm mein Geld, da du es *kannst* und es dir so wünschenswert erscheint, nimm es; pack dich damit fort und laß mich in Ruhe bei meiner Arbeit hier. Ich bin noch hier, ich kann noch arbeiten trotz all des Geldes, das du mir genommen hast!› Aber wenn sie zu ihm kommen und sagen: ‹Erkenne eine Lüge als Wahrheit an, gib vor, Gott anzubeten, wenn du es nicht tust: glaube nicht, was *du* für wahr hältst, sondern was ich für wahr halte oder zu halten vorgebe!›, wird er antworten: ‹Nein, mit Gottes Hilfe nein! Meine Börse könnt ihr nehmen; aber mein moralisches Selbst kann ich nicht vernichten lassen. Die Börse gehört jedem Straßenräuber, der mir mit einer geladenen Pistole begegnet: aber das Selbst ist mein und Gottes meines Schöpfers; es ist nicht euer, ich will euch bis zum Tode widerstehen und mich gegen euch empören und will überhaupt allen Arten von Notlagen, Anschuldigungen und Verwirrungen Trotz bieten, um es zu verteidigen.›» (Über Helden, Heldenverehrung und das Heldentümliche in der Geschichte, zitiert nach: Fritz Stern (Hrsg.), Geschichte und Geschichtsschreibung, München 1966, S. 110.
2 Siehe Randolph M. Nesse, The Evolutionary Functions of Repression and the Ego Defenses. In: Journal of the American Academy of Psychoanalysis 18 (1990), S. 260–285. In seinem

tiefen und brillanten Buch «Wohlstand und Armut der Nationen. Warum die einen reich und die anderen arm sind» (Berlin
1999, bes. Kap. 14) weist David S. Landes auf die entscheidende
Rolle von geistiger Autonomie für die Entwicklung Europas
hin.

3 Eine wichtige Arbeit zu diesem Thema ist Perez Zagorin, Ways
of Lying. Dissimulation, Persecution, and Conformity in Early
Modern Europe, Cambridge, Mass. 1990, eine Untersuchung über
die historischen Texte, in denen Verstellung gerechtfertigt wird.

4 Am Ende seines Lebens warnte Weber auch vor der Selbsttäuschung des Intellektuellen, einem sehr verbreiteten Übel, und
er wählte ein außerordentlich wichtiges Beispiel: «Die Redlich-
keit eines heutigen Gelehrten, und vor allem eines heutigen Philosophen, kann man daran messen, wie er sich zu Nietzsche
und Marx stellt. Wer nicht zugibt, daß er gewichtige Teile seiner
eigenen Arbeit nicht leisten könnte ohne die Arbeit, die diese
beiden getan haben, beschwindelt sich selbst und andere. Die
Welt, in der wir selber geistig existieren, ist weitgehend eine von
Marx und Nietzsche geprägte Welt» (zitiert nach Wilhelm Hen-
nis, Max Webers Fragestellung. Studien zur Biographie des
Werks, Tübingen 1987, S. 167).

5 Lionel Trilling, Introduction. In: Ders. (Hrsg.), The Broken
Mirror. A Collection of Writings from Contemporary Poland
(1958), abgedruckt in: Ders., Speaking of Literature and Society, New York 1982, S. 302.

6 Die Kirchen waren auch schon vor dem Kriege gegen kriegeri-
schen Chauvinismus nicht immun gewesen. Betrachten wir ein
Beispiel dafür, wie sich Kirchen an das nationalistische Ethos
der damaligen Zeit anpaßten: Während der zweiten Marokko-
krise im Jahre 1911 schrieb die Allgemeine Evangelisch-Lutherische Kirchenzeitung, das bedeutendste deutsche protestanti-
sche Blatt: «Besser Krieg als Nachgeben! ... Damit Nationen
sich gesund entwickeln, muß ihnen der Allmächtige gelegentlich die Leviten lesen» (zitiert nach: Die Zeit, 19. Juli 1991).
Siehe auch A. J. Hoover, God, Germany, and Britain in the
Great War. A Study in Clerical Nationalism, New York 1989.

7 Einen brillanten – und überraschenden – Vergleich der beiden
deutschen Besatzungen während der beiden Weltkriege bietet
Richard Cobb, French and Germans, Germans and French. A
Personal Interpretation of France under Two Occupations
1914–1918/1941–1944, Hannover/London 1983.

8 M. L. Sanders/Philip M. Taylor, Britische Propaganda im Ersten Weltkrieg 1914–1918, Berlin 1990, S. 26.

9 Friedrich Bendixen, Währungspolitik und Geldtheorie im Lichte des Weltkrieges, München/Leipzig ²1919, S. 27. Vgl. Gerald D. Feldman, The Great Disorder. Politics, Economics, and Society in the German Inflation, New York 1993, S. 36.

10 Walther Rathenau, Tagebuch 1907–1922. Hrsg. u. komm. v. Hartmut Pogge-von Strandmann, Düsseldorf 1967, S. 222 f.

11 Max Weber, Vaterland und Vaterlandspartei. In: Ders., Gesammelte politische Schriften, Tübingen ²1958, S. 217–220.

12 Auf diese Problematik wurde ich erstmals durch den von dem Historiker Heinrich August Winkler verfaßten Artikel «Die verdrängte Schuld» aufmerksam gemacht (Die Zeit, 17. März 1989, S. 49 f.). Siehe auch Hagen Schulze (Hrsg.), Das Kabinett Scheidemann: 13. Februar bis 20. Juni 1919, Boppard am Rhein 1971, S. 87 f., 146 f., sowie Ulrich Heinemann, Die verdrängte Niederlage. Politische Öffentlichkeit und Kriegsschuldfrage in der Weimarer Republik, Göttingen 1983.

13 Zitiert nach Winkler, Die verdrängte Schuld.

14 Zitiert nach Hans-Georg Drescher, Ernst Troeltsch. Leben und Werk, Göttingen 1991, S. 453, Anm. 107.

15 Zur Fischer-Kontroverse und dem empörenden Versuch älterer deutscher Historiker, ihn zum Schweigen zu bringen, siehe meine Aufsätze «Deutsche Historiker und der Krieg: Fischer und seine Kritiker» sowie «Bethmann Hollweg und der Krieg: Die Grenzen der Verantwortung». In: Fritz Stern, Das Scheitern illiberaler Politik. Studien zur politischen Kultur Deutschlands im 19. und 20. Jahrhundert, Frankfurt am Main/Berlin/Wien 1974, S. 175–186 u. S. 107–145.

16 Feldman, The Great Disorder, S. 858.

17 Zitiert nach Adam B. Ulam, Die Bolschewiki, Köln/Berlin 1967, S. 446.

18 Rosa Luxemburg, Die russische Revolution. In: Dies., Politische Schriften. Bd. 3, Frankfurt am Main 1968, S. 106–141, hier: S. 134.

19 Als Trotzki 1904 Lenins «orthodoxe Theokratie» attackierte, warnte er auch vor einem «Substitutionalismus»: «Zuerst tritt die Parteiorganisation [das Wahlkomitee] an die Stelle der ganzen Partei; dann nimmt das Zentralkomitee die Stelle der Organisation ein, und schließlich ersetzt ein einziger ‹Diktator› das Zentralkomitee» (zitiert in Isaac Deutscher, Trotzki. Bd. 1. Der bewaffnete Prophet, 1879–1921, Stuttgart 1962, S. 96). Anderthalb Jahrzehnte später wurde Trotzki Lenins Stellvertreter bei der Errichtung eines ebensolchen Substitutionssystems.

20 W. I. Lenin, Der ‹linke Radikalismus›, die Kinderkrankheit im

Kommunismus. In: Ders., Ausgewählte Werke. Bd. 2, Berlin 1952, S. 669–757, hier: S. 694.

21 Ulam, Die Bolschewiki, S. 538.

22 Ich verdanke dieses Zitat meinem Kollegen Peter Krupnikow von der Universität Riga. (Die Originalfassung findet sich in: Dvenadcatyj s-ezd RKP (b), 17–25 aprelja 1923 goda, Moskau 1968, S. 273 – A. d. Ü.).

23 Czesław Miłosz, Verführtes Denken, Köln/Berlin ²1954, S. 20.

24 Sonia Orwell/Ian Angus (Hrsg.), As I Please 1943–1945. Collected Essays, Journalism and Letters of George Orwell. Bd. 3, New York 1968, S. 170. Orwell wußte auch von dem großen Zögern von Verlegern, antisowjetische Schriften anzunehmen. Im Juni 1944 berichtete er T. S. Eliot, der damals Lektor bei einem britischen Verlag war, irgendein Verantwortlicher habe darauf gedrungen, er möge in seinem Buch «Die Farm der Tiere» als Repräsentanten der Bolschewisten ein anderes Tier als das Schwein auftreten lassen (ebd., S. 176).

25 Eine glänzende Analyse der unterschiedlichen Vorgehensweisen von Deutschen und Italienern während des Zweiten Weltkrieges bietet Jonathan Steinberg, Deutsche, Italiener und Juden. Der italienische Widerstand gegen den Holocaust, Göttingen 1992.

26 Zitiert in: A. J. P. Taylor, Europe. Grandeur and Decline, Harmondsworth 1967, S. 240.

27 Tony Judt, Past Imperfect. French Intellectuals, 1944–1946, Berkeley 1992.

28 Siehe hierzu Henry Rousso, The Vichy Syndrome. History and Memory in France since 1944, Cambridge, Mass. 1991.

29 Der Zusammenhang zwischen Technologie und Terror hat viele Veränderungen durchgemacht. Der Zugang zu Kommunikationsmitteln hat Dissidenten geholfen. Brutale Repression läßt sich heute schwer verbergen; die Mittel der Untergrundveröffentlichungen haben sich ebenfalls gewandelt.

30 Siehe hierzu den bewegenden Aufsatz von Juri Afanassjew, Das beschädigte Gedächtnis. In: Transit. Europäische Revue, Sommer 1991, S. 110–120.

## Das feine Schweigen

1 Friedrich Nietzsche, Sämtliche Werke. Kritische Neuausgabe. Hrsg. v. Giorgio Colli u. Mazzino Montinari. Bd. 5, München 1980, S. 184f.

2 Brief an Dirk Coster, 15. Oktober 1945. (Meitner Collection, Churchill College Archives Centre, Cambridge). Vgl. Ruth Lewin Sime, Lise Meitner. A Life in Physics, Berkeley/Los Angeles/London 1996, S. 311.

3 Brief an Victor Gollancz, Ankara, 18. Juli 1945. In: Ernst Reuter, Schriften, Reden. Bd. 2. Bearb. v. Hans J. Reichhardt, Berlin 1973, S. 588.

4 Nadeschda Mandelstam, Das Jahrhundert der Wölfe. Eine Autobiographie, Frankfurt am Main 1973, S. 44.

5 Edmund Burke, Betrachtungen über die Französische Revolution, Frankfurt am Main 1967, S. 53.

6 Zitiert nach Walter Nicolai, Nachrichtendienst, Presse und Volksstimmung im Weltkrieg, Berlin 1920, S. 52.

7 Fritz Stern, Bethmann Hollweg und der Krieg: Die Grenzen der Verantwortung. In: Ders., Das Scheitern illiberaler Politik. Studien zur politischen Kultur Deutschlands im 19. und 20. Jahrhundert, Frankfurt am Main/Berlin/Wien 1974, S. 145.

8 Zitiert nach Hans-Georg Drescher, Ernst Troeltsch. Leben und Werk, Göttingen 1991, S. 453, Anm. 107.

9 Zitiert nach Drescher, Ernst Troeltsch, S. 453.

10 Zitiert nach Hagen Schulze (Hrsg.), Das Kabinett Scheidemann: 13. Februar bis 20. Juni 1919, Boppard am Rhein 1971, S. 147.

11 Zitiert nach Schulze (Hrsg.), Das Kabinett Scheidemann, S. 88.

12 Fritz Hartung, zitiert nach Winfried Schulze, Der Neubeginn der deutschen Geschichtswissenschaft nach 1945. Einsichten und Absichtserklärungen der Historiker nach der Katastrophe. In: Ernst Schulin (Hrsg.), Deutsche Geschichtswissenschaft nach dem Zweiten Weltkrieg (1945–1965). (= Schriften des Historischen Kollegs, Kolloquien 14), München 1989, S. 24.

13 Ernst Troeltsch, Gefährlichste Zeiten. Berliner Brief. In: Kunstwart und Kulturwart, 35. Jg., 11 (1921/22), S. 293 u. 296. Vgl. Ders., Spektator-Briefe. Aufsätze über die deutsche Revolution und die Weltpolitik 1918/1922, Tübingen 1924, S. 281–288 (Zit. auf S. 284).

14 Zitiert nach Klaus Scholder, Die Kirchen und das Dritte Reich. Bd. 1, Berlin 1977, S. 174.

15 S. Klaus Schönhoven/Hans-Jochen Vogel (Hrsg.), Frühe Warnungen vor dem Nationalsozialismus. Ein historisches Lesebuch, Bonn 1998.

16 Zitiert nach Schönhoven/Vogel (Hrsg.), Frühe Warnungen, S. 246.

17 S. Wolfgang Köhler, Werte und Tatsachen, Berlin 1968.

18 Vgl. Armin Hermann, Max Planck. Mit Selbstzeugnissen und Bilddokumenten. Reinbek bei Hamburg 1973.

19 S. Hans Mommsen, Beamtentum im Dritten Reich. Mit ausge-
wählten Quellen zur nationalsozialistischen Beamtenpolitik,
Stuttgart 1966. (Schriftenreihe der Vierteljahrshefte für Zeitgeschichte; 13).

20 Dietrich Bonhoeffer, Wandlungen des Führerbegriffs in der
jungen Generation. Erweiterte Druckfassung unter dem Titel
«Der Führer und der Einzelne in der jungen Generation» in:
Dietrich Bonhoeffer Werke. Bd. 12, Berlin 1932–1933. Hrsg. v.
Carsten Nicolaisen u. Ernst-Albert Scharffenorth, München
1997, S. 242–260.

21 Wolfgang Kunkel, Der Professor im Dritten Reich. In: Die
deutsche Universität im Dritten Reich. Eine Vortragsreihe der
Universität München, München 1966, S. 133.

22 William Wordsworth, Lines Composed a Few Miles above Tin-
tern Abbey (1798). In: Ders., Poems, Vol. I. Ed. by John
O. Hayden, Harmondsworth, Middlesex 1982, S. 358.

23 Brief an Martin Kähler, Göttingen, 19. Mai 1945. In: Walter
Bußmann/Günther Grünthal (Hrsg.), Siegfried A. Kaehler,
Briefe 1900–1963, Boppard am Rhein 1993, S. 300.

24 S. Klaus-Dietmar Henke/Claudio Natoli (Hrsg.), Mit dem Pathos der Nüchternheit. Martin Broszat, das Institut für Zeitgeschichte und die Erforschung des Nationalsozialismus, Frankfurt a. M./New York 1991. Von besonderer Relevanz ist: Erne-
stine Schlant, The Language of Silence. West German Literature
and the Holocaust, New York/London 1999.

25 Hubert Markl, Blick zurück, Blick voraus. In: Forschung an
den Grenzen des Wissens. 50 Jahre Max-Planck-Gesellschaft
1948–1998, Göttingen 1998, S. 13.

26 Lise Meitner (wie Anm. 2).

27 Friedrich Nietzsche, Sämtliche Werke, Bd. 5, S. 85, 86.

# Quellenangaben

Jacob Burckhardt: Der Historiker als Zeitzeuge. Vortrag, gehalten am 30. Mai 1997 im Rahmen des Kolloquiums «Jacob Burckhardt – Facetten seiner Wirkung», das aus Anlaß des 100. Todestages Burckhardts in Basel stattfand. – Ich danke Andreas Cesana für seine Hilfe bei der Herstellung der Druckfassung.

Max Planck: Größe des Menschen und Gewalt der Geschichte. Festvortrag, gehalten am 4. Oktober 1997 im Schauspielhaus in Berlin zur Feier des 50. Todestags von Max Planck. Erstveröffentlichung in: Max-Planck-Gesellschaft zur Förderung der Wissenschaften (Hrsg.), Max Planck. Vorträge und Ausstellung zum 50. Todestag, München 1997. Für die Buchausgabe überarbeitet und mit Anmerkungen versehen.

Tod in Weimar. Vortrag, gehalten am 27. Mai 1998 im «History and Economics Seminar» von Emma Rothschild und Gareth Stedman Jones am King's College, Cambridge. Ins Deutsche übersetzt von Karl Heinz Siber.

Die erzwungene Verlogenheit. Erste Tanner Lecture on Human Values, gehalten am 1. März 1993 an der Yale University. Erstveröffentlichung in: Grete B. Peterson (Hrsg.), The Tanner Lectures in Human Values. Bd. 15, Salt Lake City 1994. Ins Deutsche übersetzt von Martin Pfeiffer.

Das feine Schweigen und seine Folgen. Vortrag, gehalten am 10. November 1998 an der Ludwig-Maximilians-Universität München. Erstveröffentlichung in: Frankfurter Allgemeine Zeitung, 28. Dezember 1998, S. 36. Für die Buchausgabe überarbeitet und mit Anmerkungen versehen.

# Geschichte des 19. und 20. Jahrhunderts

*Fritz Stern*
Verspielte Größe
Essays zur deutschen Geschichte des 20. Jahrhunderts
1996. 317 Seiten. Leinen
Auch lieferbar in der Beck'schen Reihe Band 1246

*Gordon A. Graig*
Deutsche Geschichte 1866–1945
Vom Norddeutschen Bund bis zum Ende des Dritten Reiches
Aus dem Englischen von Karl Heinz Siber
77. Tausend. 1996. 806 Seiten. Leinen
Beck's Historische Bibliothek
Auch lieferbar in der Beck'schen Reihe Band 1306

*Manfred Görtemaker*
Geschichte der Bundesrepublik Deutschland
Von der Gründung bis zur Gegenwart
1999. 915 Seiten. Leinen

*Kurt Sontheimer*
So war Deutschland nie
Anmerkungen zur politischen Kultur der Bundesrepublik
1999. 262 Seiten. Gebunden

*Norbert Frei*
Vergangenheitspolitik
Die Anfänge der Bundesrepublik und die NS-Vergangenheit
2., durchgesehene Auflage. 1997. 464 Seiten. Leinen

Verlag C. H. Beck München

# Geschichte des 19. und 20. Jahrhunderts

*Gerhard A. Ritter*
Über Deutschland
Die Bundesrepublik in der deutschen Geschichte
1998. 303 Seiten. Leinen

*Heinrich August Winkler*
Weimar 1918–1933
Die Geschichte der ersten deutschen Demokratie
20. Tausend. 1998. 709 Seiten. Leinen
Auch lieferbar als broschierte Ausgabe
und in der Beck'schen Reihe Band 1238

*Saul Friedländer*
Das Dritte Reich und die Juden
Band 1: Die Jahre der Verfolgung 1933–1939
Aus dem Englischen von Martin Pfeifer
2., durchgesehene Auflage. 1998. 458 Seiten. Leinen

*Thomas Nipperdey*
Nachdenken über die deutsche Geschichte
Essays
2. Auflage. 1986. 236 Seiten. Leinen

*Hans-Ulrich Wehler*
Die Gegenwart als Geschichte
Essays
1995. 304 Seiten. Broschiert

Verlag C. H. Beck München